心理学史における重要なできごと

Atkinson R. L., Atkinson R. C., Smith, E. E., Bem, D. J. and Nolen-Hoeksema (1996). *Hilgard's Introduction to Psychology* (12th ed.) Harcourt Brace. pp. 669-770 より (道又 爾訳) (中西信男・道又 爾・三川俊樹編著 1998 現代心理学――その歴史と展望 ナカニシヤ出版より転載)

紀元前約400年：ヒッポクラテスが性格特性と体型を関連づけて、精神病について悪霊説ではない最初の生理学的理論を提唱。

紀元前約300年：アリストテレスが人間行動の客観的観察を重視し、観念の連合に関する三つの原理を提唱。

紀元後約400年：聖アウグスティヌスが著書「告白」でプラトン哲学の影響のもとに注意深い内省的観察を行う。

1650年：デカルトが、心と身体の関連を一つの相互作用として特徴づける。

1651年：ホッブスがすべての観念は感覚体験より生ずると宣言し、連合主義心理学の先鞭を付ける。

1690年：ロックがホッブスの考えを一歩進め、精神は生まれたときには白紙（タブラ・ラーサ）であると宣言。

1749年：ハートレーが連合主義の理論を体系化し、記憶の神経学的基盤について論ずる。

1781年：カントが「純粋理性批判」で連合主義と生得説を攻撃し、その後の哲学と心理学に大きな影響を与える。

1809年：ガルとシュプルツハイムが骨相学を通じて心的能力と大脳機能についての研究の先鞭を付ける。

1821年：フルーランが大脳の機能局在に関する最初の重要な実験を行う。

1838年：ヨハネス・ミュラーが特殊神経エネルギー説を提唱。

1846年：ウェーバーが心理学で最初の定量的法則を発見。

1850年：ヘルムホルツが神経インパルスの伝導速度を測定。

1859年：ダーウィンが「種の起源」を刊行し、自然選択による進化論を提唱。

1860年：フェヒナーが「精神物理学要義」を刊行し、物理的刺激と感覚との間の関係を測定する方法を提唱。

1869年：ゴールトンが個人差を研究し、ダーウィンの選択的適応の概念を人種の進化に応用。

1879年：ヴントが最初の本格的な心理学実験室をライプツィヒ大学に開設。

1883年：スタンレー・ホールがアメリカで最初の心理学実験室をジョンズ・ホプキンス大学に開設。

1885年：エビングハウスが記憶に関する最初の実験的研究を発表。

生活にいかす心理学 Ver.2

古城和子【編著】
Kojo Kazuko

ナカニシヤ出版

まえがき

　このたび、『生活にいかす心理学 Ver.2』を上梓することになりました。初版の『生活にいかす心理学』が出版されて3年あまりですが、その間、私たちをとりまく生活環境は大きく変化してきました。このような時代だからこそ、人間として社会人として、健康で充実した生活をおくるためには"からだ"と"こころ"の知識が重要となっています。

　心理学は生活に役立つ、おもしろい学問です。心理学の知見は、これまでの体験を新たにとらえなおし、新しいものの見方・考え方へと導きます。自分自身について、自分とまわりのモノ・出来事とのかかわりについて、そして自分と人、人と人とのかかわりについて、本書では経験が先んじている事象に、知識の裏づけを与えながら、学んだ知識をもとに自分の行動を見なおせるようにしています。

　本書は10章で構成されています。第1章～第4章は、知覚・学習・認知を中心とした内容で、1章では心理学の輪郭、2章では物理的環境の知覚、3章では学習・記憶などの人間の経験のはたらき、4章では空間認知や空間行動について説明しています。

　第5章～第8章は、パーソナリティ・社会的行動を中心とした内容で、5章は自分らしさとは何か、6章は心の揺らぎと危機、7章は自分と人とのかかわり、8章は個人と集団とのかかわり、について説明しています。

　第9章と第10章は、心理学の学際領域で研究されている今日的研究テーマをとりあげ、9章は人と人とのコミュニケーション行動、10章では人間と情報とのかかわり、について紹介しています。

　前版同様、生活に必要な心理学の基本的概念が理解できるように、今日的なテーマや項目を選び、具体的な話題や実例を多く取り入れ、図や写真を用いてやさしく解説しています。事例や逸話など生活レベルに即した話に心理学的な概念をとりいれて、その理解や意味づけを深めていけるようにも工夫しています。関連事項は脚注で説明し、本文を補足する内容をブレイクや参考としてわかりやすく紹介しています。また実際に自分で行える演習、学習をさらに進め

るための読書案内として【Further reading】を掲載しています。演習は10分でできるものから，30〜40分かかるものまで多種類設定しています。実際にとりくんでいただければ，読むだけでは気づかない多くの自己発見があることでしょう。

　読者の皆さんには，心理学の学問としてのおもしろさを感得していただくことを期待するとともに，本書から自分やまわりの環境を客観的に眺め，自分の行動を見なおし，現実に活かしていく視点をもっていただければと思います。

　本書の出版にあたり，前版にご意見，ご批判を賜わりました方々，また，前版同様，無理な注文を心よくお引き受けいただきました先生方に，深謝申し上げます。また，ナカニシヤ出版の宍倉由高編集長，松下裕氏，伊地知敬子さんには改版のためご支援をいただきました。この場をお借りして，皆様に心より感謝申し上げます。

2002年1月
編　　者

目　　次

まえがき　　*i*

第 1 章　心理学の輪郭 ——————————————————— 1
1　心理学とは　　1
2　心理学の方法　　1
3　心理学の分野と隣接科学　　3

第 2 章　人は環境をどのようにとらえるか ——————————— 5
1　知覚のなりたち　　5
2　知覚の諸相　　11

第 3 章　経験のはたらき ——————————————————— 15
1　行動とは——反射と学習　　15
2　学習のメカニズム　　15
3　記憶と忘却　　18

第 4 章　人間の空間行動 —————————————————— 29
1　パーソナル・スケール　　29
2　生活空間の認知　　32
3　空間内での行動　　34

第 5 章　自分らしさのなりたち ——————————————— 39
1　パーソナリティとは　　39
2　パーソナリティの分類　　39
3　パーソナリティ検査／心理テスト　　40
4　その人らしさのなりたち　　42

第 6 章　心の揺らぎと痛み ————————————————— 53
1　健やかな心とは　　53
2　「心が揺れる」とき　　54
3　心の危機　　57
4　心の健康のために——心の痛みを分かちあう　　59

第 7 章　人とのかかわり —————————————————— 69
1　対人認知　　69
2　対人魅力　　71
3　人に影響を与える——説得と態度変容　　73
4　人を助ける——援助行動　　77
5　人を攻撃する——攻撃行動　　79

第 8 章　集団のなかでの私 ─────────── 85
　　　　1　集団の特徴　85
　　　　2　集団の意思決定　87
　　　　3　リーダーシップ　89
　　　　4　集団間葛藤の解決　91

第 9 章　人間のコミュニケーション行動 ─────── 97
　　　　1　コミュニケーションの成立　97
　　　　2　非言語的コミュニケーションとは　98
　　　　3　非言語的コミュニケーションの諸相　100

第 10 章　情報と人間行動 ──────────── 109
　　　　1　刺激のない世界での人の行動　109
　　　　2　情報と情報行動　110
　　　　3　ネットワーク社会での情報行動　111
　　　　4　情報化と人間行動の変化　114

引用文献　119
索　引　123

コ ラ ム
　ブレイク　バーチャル・リアリティ（仮想現実）　13
　ブレイク　知恵をつけるための方法：ＰＱ４Ｒ　19
　ブレイク　動画のメカニズム　20
　参　考　フラッシュバルブメモリー　22
　ブレイク　どっちにいてほしい？　31
　ブレイク　携帯電話の空間への割り込み　35
　ブレイク　言葉の花束　43
　ブレイク　夢分析　46
　ブレイク　たかが印象，されど印象　73
　参　考　ハイダーのバランス理論　74
　ブレイク　恋　愛　75
　参　考　説得のテクニック　76
　ブレイク　集団思考　88
　参　考　社会的手抜きの実験　89
　参　考　ダブルバインド（二重拘束）仮説　99
　ブレイク　「うそ」：どうして見抜くのでしょうか　101
　参　考　身ぶりの男女差　103
　参　考　現代の記号表現：サイン(記号)によるコミュニケーション　104
　ブレイク　個人専有化した社会の出現？？？　パーソナル化された私　112
　参　考　電子コミュニティ　116
　ブレイク　人工知能が身体をもった　118

第1章　心理学の輪郭

　皆さんは「心理学」からどのようなことを連想したり，イメージするだろうか。人によっては，心理学を勉強したら人の気持ちが手にとるようにわかる，自分の思うように相手を変えることができるなどと，淡い期待を心密かにいだいているのではないだろうか。

1　心理学とは

　心理学（Psychology）の語源は，ギリシャ語のプシュケー（psychē：心，魂，精神）とロゴス（logos：学問，言葉，論理）の合成語である，psychologia"心の学問"に由来する。日本ではじめて心理学という語が用いられたのは，1878年（明治11年）西周が mental philosophy を「心理学」と訳したときといわれている。

　今日，心理学は「人間行動の科学」と定義されている。私たちの行動には人と挨拶をし，話し，人に席をゆずる，この一連の言語表現や動作にみられるように他者からはっきりとわかる行動もあれば，本人はドキドキして心のなかでいろいろ思いをめぐらしてはいるが，第三者には気づきにくく，観察しにくい行動もある。心理学では図1-1にみられるさまざまなレベルの人間行動を研究の対象としている。

　科学的研究のためには，客観性，再現性が保証され，かつ検証できるものでなければならない。特定の個人だけが感じたり，考えたりするのでなく，多くの人間がそれを事実と認められることを客観性といい，同じ条件や手続きで行った場合に，何度くりかえしても同じ結果が得られることを再現性という。そして，実際に検証した結果は，データといわれ[*1]，人間行動の法則を定立するときの根拠となる。

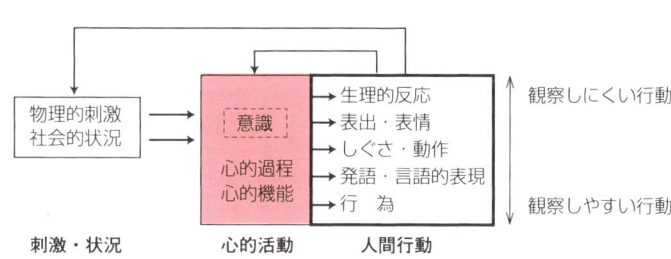

図1-1　心理学の研究対象としての人間行動（金城，1990を改図）

2　心理学の方法

　自然現象とは異なり，自分や人に対する感情や考えなどの行動は，客観的に観察しにくく，その実態がとらえにくい。心理学ではこのようなとらえにくい現象をできるだけ客観的にとらえる工夫をしてきた。

　また，これらの方法は日常生活のなかで私たちが無意識的に，自分自身や自

---

*1　記述ともいわれ，①数的記述：5回，25点など数量化されたデータ，②言語的記述または言語的プロトコル：観察記録，面接記録など文章化されたデータ，がある。

分のまわりの人々，人と人との関係を理解するために用いている方法でもある。ここでは代表的な5つの方法について述べる。

(1) 観　察　法

観察法はある特定の目的のために，他者の行動や事象の生起を観察，記録，分析する方法であり，経験科学の基礎となる方法論である。[*2]

自然に生起する行動や事象を観察する自然観察法と，事前に決められた行動の観察や特定の場面の観察をする系統的観察法がある。

長所は，いつ，どこでもありのままの情報が得られる点であるが，反面，多くの条件や要因が複雑にからみあい，因果関係を一義的に決定しにくい。また，観察結果を記録する際，観察者の主観が入りやすく，客観性に欠ける面がある。そこで，客観性を保証するための観察や記述上の工夫として，観察者を複数にしたり，チェックリスト法や評定尺度法などを用いることがある。

近年は，VTRなどの情報機器を用い，記録した画像・音声情報や映像情報をそのままデータとして用いたり，さらにそれを数的・言語的データに変換してデータとすることもある。

(2) 調査法（質問紙法またはアンケート法）

意見，態度，悩みなどに関する調査項目をあらかじめ作成し，その項目への回答を求めるもので，質問紙法，アンケート法ともいわれる。[*3]

項目作成上の留意すべき点としては，①質問の内容が簡単かつ具体的であり，理解しやすいか，②質問自体に回答を誘導するような部分はないか，③回答は簡単に記入できるか，④全体の質問は適量か，などがある。記入の方法には，はい／いいえの二者択一，多肢選択，段階評定，文章または語句で記入するものなどがある。[*4]

一度に多くの情報を多くの対象者にたずねることができるため，短時間に広く情報を収集でき簡便ではあるが，回答が正しいか否かのチェックができず，回答に信頼性が乏しい場合もありうる。

(3) 検査法（テスト法）

知能，学力，性格，技能などの心理的特性をテストを用いて診断する方法である。これらの検査類は，過去に多くの対象者に実施されており，その全体的な傾向がわかっており，標準検査ともいわれる。

検査を通して個人のある心理的特性が全体の人のなかでどこに位置づけられるかが明らかとなり，その特質を浮き彫りにすることができる。反面，知能検査では個人の知能の程度がわかるように，1つの検査では1つの特性が明らかとなるだけなので，個人を深く理解するためにはテスト・バッテリーを組まな[*5]

[*2] 観察が他者でなく，自分自身の体験や行動に向けられるとき，自己観察，内省（内観）という。その記録は内省報告といわれる。

[*3] 客観的な測定を行うための調査の方法については，調査過程の段階ごとに分けて「社会調査法」関連図書でくわしく説明されている。

[*4] 対象をなんらかの基準にそって，分類，序列化，段階づけをすることを評定法という。そのなかで，行動観察や面接場面で個人の態度，性格などに段階づけを行うことを評定尺度法という。段階評定は3，5，7段階がよく用いられる。本人が自分について行う自己評定もある。

[*5] 個人を深く理解するために，複数の検査を組み合わせることをいう。たとえば，職業志向性を調べるため，知能，社会的技能，職業，興味など多くのテストを組み合わせて行い，その結果から総合的に判断しようとする。

ければならない。

(4) 面接法（インタビュー法）

面接法には，就職のための採用試験や入試の口頭試問にみられるような資料収集のための面接と，カウンセリングに代表される個人指導や治療のための臨床的方法としての面接がある。資料収集のための面接では，テストなどでは知ることのできない個人の態度，考え方，性格などの必要な情報をひきだすことができる。臨床的方法としての面接では，面接者は来談者とのラポート（親和感）の形成に努め，心理的抵抗を少なくし，来談者自身が問題事象に直面し，対処できるよう指導していくことが大切である。

(5) 実　験　法

実験法は実験群と統制群を設定し，その条件の効果を比較検討し，両群の効果差から一般法則を導く方法である。たとえば，「映像情報が心理学の授業で有効だ」という一般法則を定立するために，等質な A, B の 2 クラスを選び，A クラス（統制群）は通常の教授法ですべての授業を行い，B クラス（実験群）では，VTR などの映像情報をできるだけおりこんで授業を行う。全体の授業終了後，テストなどを通して両群を比較した結果，実験群が統計的に有意に高い成績であれば，「映像情報が心理学の授業で有効だ」といえる。

実験法は一般法則の定立には有効だが，寄与する要因が明確でない研究の初期段階や，要因が複雑にからみ条件統制の困難な実験状況では適用できない。

実験計画法では実験や調査の目的に応じて効果的に条件を設定し，得られたデータを統計的に解析するための多くの方法が考えられている。[*6]

3　心理学の分野と隣接科学

心理学は，大きく基礎的研究，応用的研究に分けられるが，近年は特に他の諸科学と一緒になって行う学際的研究領域が広がっている。図 1-2 にみられるように心理学の専門分野は実験心理学系，教育心理学系，臨床心理学系，社会心理学系の 4 種類に大まかに分かれている。また，それぞれの専門分野は隣接している諸科学との境界をなくしつつ，さらに細かく専門的に分岐，拡大している。

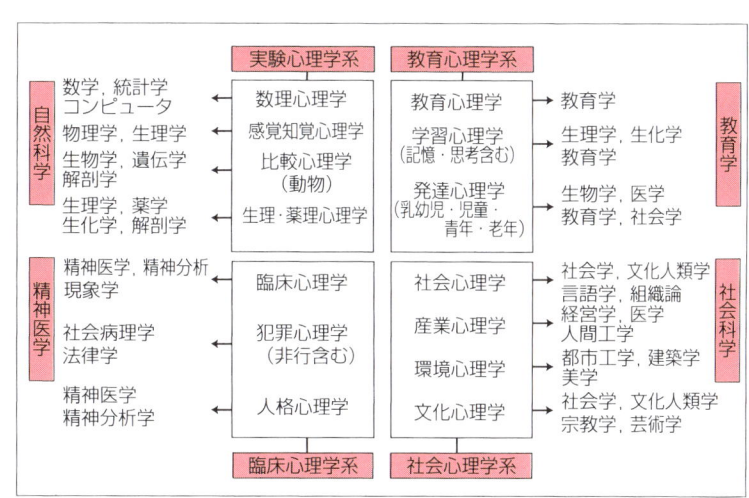

図 1-2　心理学の専門分野とその隣接科学（堀，1985）

[*6] 数的に記述されたデータに対して行われ，対象の特性を説明するために用いたり（例：英語の平均点，A クラス 70 点，B クラス 60 点），ある現象が自然現象にみられる誤差の範囲か否かを検定し，条件効果を明らかにするために用いる（例：A, B クラスの点差 10 点が誤差の範囲か，通常では出現しない有意な差であるか）。

【Further reading】

心理学のための実験マニュアル——入門から基礎・発展へ—— 利島　保・生和秀敏（編）　1993　北大路書房

　　心理学の研究方法，実施にあたっての基礎知識と実施方法，レポートの作成法を説明したうえで，種々の基礎実験，応用的研究や技術的問題の理解ができるように詳述されている。心理学のスタイルを学ぶことができる。

心理アセスメントハンドブック　上里一郎（監修）　1993　西村書店

　　知能，パーソナリティ，状態・症状のアセスメントに加えて，神経心理学的アセスメント，行動論的アセスメントの代表的なものが網羅されている。各アセスメントごとに特徴，研究動向，具体的ケースの例示，効用と限界などが詳述されている。

こころの測定法−心理学における測定の方法と課題　浅井邦二（編）　1994　実務教育出版

　　基礎的領域（生理，認知，学習，思考，人格，発達，社会）と応用的領域（教育，臨床，応用）の心理学に分けて，具体的な研究例を通して，各専門分野ごとに何のために（目的），何を（対象）測定するのかを問いかけながら，代表的な測定法と現時点までの問題点が解説されている。「こころを測る」という心理学にとって本質的な問題を問いかけている。

心理学マニュアルシリーズ　北大路書房

　　「心理学マニュアル観察法」（1997）「心理学マニュアル質問紙法」（1998）「心理学マニュアル面接法」（2000）に分かれている。心理学の研究領域に不可欠な方法について，基礎的な知識を得るとともに，本書の実習課題を通して，研究の進め方を学習することができる。

シリーズ・心理学の技法　福村出版

　　科学としての心理学の研究技法について，分野別のテーマ設定はもとより，具体的テーマに即した研究方法について詳述されている。卒業論文を書く上でも役立つ。「認知研究の技法」（1999）「性格研究の技法」（1999）「発達研究の技法」（2000）「社会心理学研究の技法」（2000）「教育心理学研究の技法」（2000）に分かれている。

第2章　人は環境をどのようにとらえるか

　私たち人間は，見たり，聞いたり，触れたりすることで，自分のまわりの環境をとらえ，その場で必要な行動をとって生活している。そのまわりの環境をとらえる機能を，知覚という。

　しかしながら，私たちは外界の情報をすべて知覚しているわけではない。たとえばコウモリが交信に使っている超音波のように，人間の感覚器官がとらえることのできない情報も，私たちのまわりにたくさんある。人間は，有限な感覚情報をもとに，必要な情報を取捨選択し，足りない情報を継ぎ足して，私たちが今，見，聞き，感じているような知覚世界をつくりだしている。私たちの知覚世界は，外界の世界そのままではなく，特有の法則性をもっている。

1　知覚のなりたち
(1)　知覚の基礎

1) 感覚器官　私たちは自分のまわりの環境と自己の身体の状態を，感覚器官を通して知覚している。感覚には，視覚，聴覚，嗅覚，味覚などのように外部環境をとらえるものと，平衡感覚，運動感覚などのように自己の身体の状態をとらえるものとがある（表2-1）。

　いずれの種類の感覚においても，外界の物理的刺激（光，音波など）は，感覚受容器（網膜など）で電気的信号に変換され，神経繊維を通って，脳の特定感覚野に達する。それが大脳皮質で情報処理された結果，私たちの知覚経験が生じる。

2) 適刺激・刺激閾・刺激頂

　感覚受容器はそれぞれの感覚器官に適した種類の刺激で興奮する。それを適刺激という。しかし，適刺激であってもあまりに弱い刺激だと知覚は生じないし，またあまりに強い刺激だとどんな感覚器官であっても痛みを感じる。感覚受容器が刺激として受けとめる最小の刺激エネルギーを刺激閾といい，また，受けとめることができる最大の刺激エネルギーを刺激頂という。

　私たちは，物理的環境に存在するすべての刺激を知覚してい

表2-1　感覚の種類（二宮ら，1986　一部修正）

感覚名	所在	感覚器官	適刺激	例
視覚	眼	網膜	光	明暗・色彩
聴覚	耳	蝸牛	音波	音（高低・音色）
嗅覚	鼻	嗅粘膜	空気中の化学物質	腐敗性，果実性，花香性，焦臭性，樹脂性，薬味性
味覚	舌	味蕾	口内の水溶性化学物質	塩からい，すっぱい，甘い，苦い
皮膚感覚　温覚	皮膚	温点	温熱	あつい（35°〜70℃）
冷覚	皮膚	冷点	寒冷	つめたい（10°〜30℃）
触(圧)覚	皮膚	圧点	身体に対する圧・触	
痛覚	皮膚	痛点	輻射刺激，電気刺激，化学刺激，機械刺激が過度	痛い
平衡感覚	耳	三半規管	身体の位置の変化	
運動感覚	筋肉関節	筋紡錘体 ゴルジ錘体 パチーニ小体	身体諸部分の運動	
内臓感覚	身体内部の諸器官	内臓に付着する受容器	身体の一般的状態	渇き，空腹，排泄のもよおし，性感，腹痛

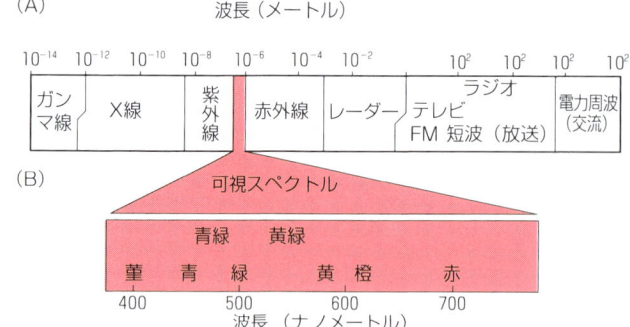

図 2-1 電磁波スペクトルと可視スペクトルの範囲
（ホッホバーグ，1978）

表 2-2 いろいろな動物の可聴範囲
（スペクター，1956）

動物名	可聴範囲(周波数)	
	下	上
ヒト	15	20,000
コウモリ	30	98,000
ネコ	30	45,000
ハト	100	12,000
イルカ	100	130,000
ハツカネズミ	500	95,000
カエル	50	10,000
コオロギ	300	8,000

（単位：ヘルツ）

るわけではない。たとえば，光エネルギーに対して人間の眼がとらえられる範囲は，きわめて限られている（図2-1）。音波についても同様で，私たちはコウモリやイルカの発する高い周波数の音を聞くことはできない（表2-2）。

3）順応　感覚受容器が一定の刺激を連続して受け続けると，その刺激に対する感受性が減少する。たとえば，お湯に手をつけた瞬間には熱いと感じても，手をつけ続けているうちに熱さを感じなくなってしまう。これが感覚の順応である。

暗い場所から急に明るい場所に出ると最初は非常にまぶしく感じられるが，次第になれてくる。これは，順応の一種であり，明順応という。明るい場所に順応してから，暗い場所に戻ると，はじめはまわりがよく見えないが，時間が経つとものが見えるようになる。この現象は，明順応からの感受性の回復であるが，習慣的に暗順応とよばれている。

(2) 物理的環境と知覚された環境

1）知覚体験と客観的現実とのギャップ　自分たちの知覚だけを頼りに環境をとらえていた時代の人々は，見たもの感じたものが現実であると素朴に信じていた。しかし，近代になって自然科学が発達し，肉眼でとらえられないものを観察したり，正確な科学的測定をしたりできるようになると，人間の知覚でとらえられたものと，客観的・科学的に測定されたものの間にギャップがあることが気づかれるようになった。

私たちが知覚している環境は，物理的・客観的環境ではなく，それとは微妙に異なった心理的・主観的環境である。コフカ（1936）は，客観的には氷がはった危険な湖の上を，主観的にはそんなことはまったく知らず雪原と思って平気で馬に乗って渡った旅人が，たどりついた宿屋で湖のことを聞かされて驚きのあまり倒れたという「冬の旅人」の話を例にひいて，この2つの環境を区別する必要性を説いている。私たちが生活し行動しているのは，心理的・主観的環境のなかで，である。

心理学がとりあげるのは，人間にとって意味をもつ心理的・主観的環境である。しかし，主観的とはいいながら，そこには人々の知覚に共通する法則性や公共性がみとめられる。

2）月の錯視　地平近くにある満月や夕日は，たいへん大きく見える。地平の月は，天頂の月より2倍も3倍も大きく見える。しかし，満月を写真にとってみると，地平の月も天頂の月も，判別できるほどの大きさの差異はない。眼の構造はカメラに似ていて，網膜像のレベルでは，写真と同じように，地平の月と天頂の月の大きさに判別できるほどの差はない。したがって，この現象

は物理学的には説明がつかず，知覚された世界が物理的世界の模写ではないことを示す一例といえる（図2-2）。

これは月の錯視とよばれていて，私たちが日常生活で体験する，大きな錯視現象である。古代ギリシャの哲学者アリストテレスから現代まで，多くの人がこの月の錯視の謎を解こうとしてきたが，いまだに完全に解き明かされてはいない。[*1]

3）幾何学的錯視 私たちの眼で見た知覚的世界は，カメラのように忠実に外界をコピーしているわけではない。人間の知覚と客観的な科学的測定結果のギャップを顕著に表わすものが，図2-3の幾何学的錯視図であり，それぞれの発見者の名をとってよばれている。錯視は，程度の差はあっても誰にでも生じ，決して見誤りではない。[*2]さらに，視覚的なトリックを利用した図形を図2-4に示す。

地平線近くの月は，天頂の月より大きく見える。しかし，カメラで写すと，その両者の大きさはほとんど変わらない。

図2-2 月の錯視

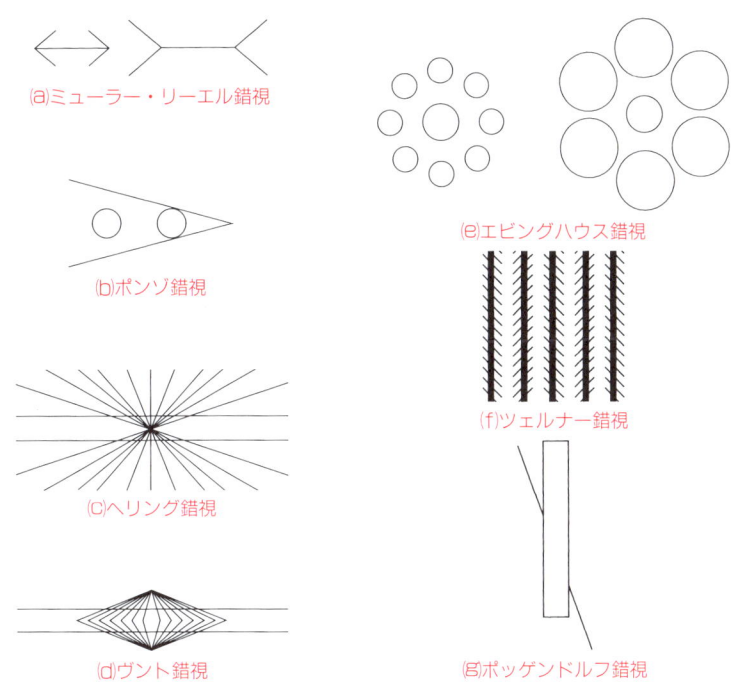

図2-3 いろいろな幾何学的錯視図

(a)ミューラー・リーエル錯視
(b)ポンゾ錯視
(c)ヘリング錯視
(d)ヴント錯視
(e)エビングハウス錯視
(f)ツェルナー錯視
(g)ポッゲンドルフ錯視

（3）知覚の体制化

物理的環境のなかには無数の刺激が存在しているが，私たちはそれらをすべて知覚しているわけではない。多くの刺激のなかから選択的に知覚し，まとま

[*1] 月の錯視は現在，地平方向が天頂方向より遠くに感じられるという空間の異方性と，同じ大きさの網膜像なら距離が遠くにある方が実際は大きいと判断されるということをもとに説明されている。

[*2] 錯視は，私たちの生活上有利なはたらきをする適応的な視知覚系のメカニズムが基盤となっている現象である。

　　(a)ペンローズの不可能な三角形　　　(b)エッシャーの不思議絵"水が坂をのぼる？"

図 2-4　不可能図形の例（グレゴリー，1972）

りをもったものとしてとらえている。

　そこで，無数の刺激のなかからまとまりをとらえる「図と地」の現象，まとまりの法則，知覚世界を安定させようとする知覚の恒常性についてとりあげる。

1) 図 と 地　　形の知覚は，視野のなかに異質な部分があったときに生じる。その異質な部を図といい，それ以外の部分を地という。図はまとまった形として知覚され，地はその背景となる。

図と地の分化　　図 2-5 を見ると，まず多数の斑点が見え，意味はわからない。しかし，よく見ていると，このなかから斑点模様の犬（101 匹わんちゃんのダルメシア犬の成犬が 1 匹）が浮かびあがってくる。そのとき，それまで未分化だった図と地が，犬（図）と背景（地）に分化する。もう 1 つの例，図 2-6 には，黒い 6 個の図形が見える。だが，しばらく眺めていると，白い「THE」の文字に気づく。黒い図形を見ているときには，白い部分は背景（地）になっていて，THE の文字を見ることはできない。一方，白い THE の文字を図として見ているときには，黒い部分は背景（地）となる。

反転図形・多義図形　　どの部分が図になり，どの部分が地になるかは，ときによって入れ替わる場合がある。図 2-7 は，ルビンの盃とよばれる有名な図形である。この図形では，中央の白い部分が図になって西洋風の盃が見える場合と，左右の黒い部分が図になって向きあった 2 人の横顔が見える場合がある。この図形は，つづけて観察しているうち図と地の関係が逆転するので，図-地反転図形とよばれる。

　図と地の反転だけでなく，同じ図形が 2 通り以上の見え方をする場合がある。図 2-8 は，若い女性に見えたり，老婆に見えたりする多義図形である。

2) まとまり　　私たちの視覚系は，ばらばらな刺激を，あるまとまりをもったものとして知覚しようとする傾向をもっている。知覚上のまとまりを群化

1 知覚のなりたち

図 2-5　ダルメシア犬（ジェイムス，1966）

図 2-6　これは何？（ミラー，1962）

図 2-7　ルビンの盃（ルビン，1921）

図 2-8　少女と老女（ボーリング，ラングフェルド，& ウェルド，1948）

近　接

類　同

閉　合

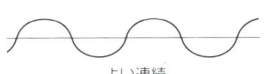
よい連続

図 2-9　群化の要因（ウェルトハイマー，1923）

図 2-10　主観的輪郭（カニッツァ，1979）

といい，ゲシュタルト心理学のウェルトハイマーは，次のような群化の要因（図2-9）をあげている。

①近接の要因　同質のものなら近い距離にあるものがまとまって見える。
②類同の要因　類似したもの同士がまとまって見える。
③閉合の要因　閉じあうもの，互いに囲みあうものは，まとまって見える。
④よい連続の要因　なめらかな連続をもつものがまとまって見えやすい。

これらの群化の要因によって，全体として，形態的にもっともすぐれた，もっとも秩序ある，簡潔なまとまりとして，知覚が形成される。この傾向を，簡潔性（プレグナンツ）の原理とよんでいる。

図2-10は，物理的な輪郭線がないにもかかわらず，はっきりした輪郭のある白い三角形が見える。この現象を主観的輪郭という。この図を，3つの欠けた円と3つの矢印という6つの図形から成ると見るより，2つの三角形が重なっていると見る方が，より簡潔に把握できる。

3）知覚の恒常性　私たちが身体を動かしたり，照明を変えたりすると，眼に到達する刺激はさまざまに変化し，それに応じて網膜像も変化する。しかし，私たちの知覚はそれほど変化せず，同じ対象は同じように知覚される。この現象を知覚の恒常性といい，大きさ，形，明るさ，色などに恒常性がみとめられる。知覚の恒常性によって，私たちの知覚世界の安定が保たれている。

①大きさの恒常性　鉛筆を50 cm離して見たときと，1 m離して見たときを比べると，網膜像の大きさはその物体との距離に応じて変化し，距離が2倍になると長さは2分の1（面積は4分の1）になる。しかし，私たちの知覚像はそれほど変化せず，50 cm先の鉛筆も1 m先の鉛筆もほとんど変わらない大きさに見える。この現象を大きさの恒常性という。私たちが対象の大きさを判断するとき，網膜像の大きさだけでなく，距離情報も使って総合的に情報

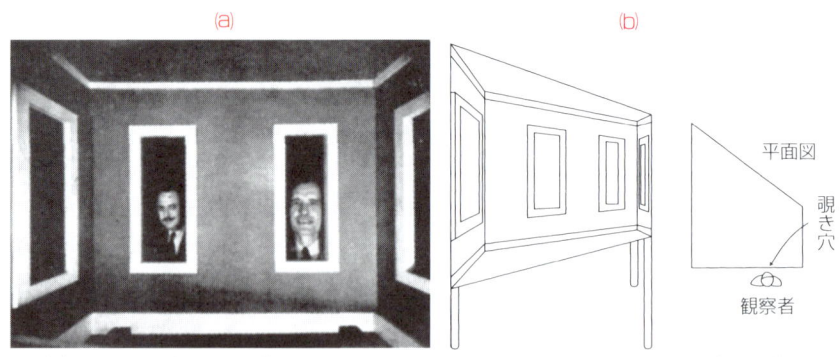

(a)は，エイムズが作った「ゆがんだ部屋」である。覗き穴から中を見ると，部屋自体は普通の四角の部屋だが，2つの窓から顔を見せている2人の人の顔の大きさだけが極端にちがって目に映る。実はこの部屋は(b)に示されるように，右の壁が高さも奥行きも左の壁の半分で，天井は右下り，床は右上りに傾いている。正面の壁は台形で右端は高さが左端の半分で，左端に比べ半分の近さになっている。これは正面の中央から見ればゆがんだ部屋だが，右端から3分の1の位置から単眼で覗くと(a)のように直四角の部屋を中央から見たように感じられる。このような状態では，奥行きの手がかりに乏しいため大きさの恒常性が失われ，網膜像の大きさにほぼ従った知覚が生じるのである。((a)はローレンス，1949，(b)はケリー，1947より。)

図2-11　エイムズの不思議な部屋（梅本・大山，1992より）

処理をし，その結果を知覚していることがわかる。

②形の恒常性　円形の皿を斜めの方向から見ると，その網膜像は楕円となるはずであるが，私たちはやはり円と知覚する。これを形の恒常性という。

③明るさの恒常性　「昼に見る黒い服」と「夜に見る白い服」では，網膜が受けとる光の強度は前者の方が強いはずであるが，私たちには後者の方が明るく感じられる。そこには，明るさの恒常性がはたらいている。

④色の恒常性　青い光に照らされた人の顔，赤い光に照らされた人の顔を見て，私たちは顔色が青いとか，赤いとかと感じるのではなく，皮膚の色を知覚する。これを，色の恒常性という。

2　知 覚 の 諸 相

(1)　空 間 の 知 覚

1) 奥行知覚　私たちが生活している世界は，上下，左右，前後の3方向に広がった3次元の空間である。しかし，人間の目の網膜はスクリーンのような薄い膜で，網膜像は3次元空間の情報を2次元平面に映したものとなる。それをもう一度，3次元的な知覚像へと再構成するシステムを，私たちの知覚系はもっている。

2) 奥行きの手がかり　奥行知覚の成立には大きく生理的手がかりと経験的手がかりの双方がかかわっている。

〈**生理的手がかり**〉（図2-12）

①水晶体の調節作用　網膜像のピントを合わせるため，目のレンズである水晶体の厚さが変化する。水晶体の厚さを調節しているのは毛様筋であるが，その筋の緊張感覚が奥行きの手がかりとなっている。

②両眼の輻輳作用　両眼の視線は，遠くを見るときはほぼ平行しているが，近くを見るときには眼球が動眼筋によって内転し（いわゆる寄り目），注視点で交差する。その角度を輻輳角といい，対象との距離によって変化する。その時の，動眼筋からの情報が奥行きの手がかりとなる。

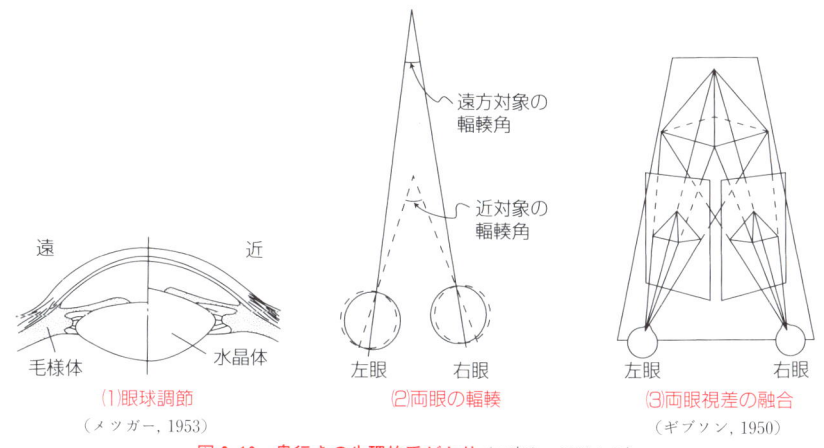

図2-12　奥行きの生理的手がかり（二宮ら，1986より）

③**両眼視差**　人の両眼の瞳孔間の距離（約6cm）によって，両眼に映る像はわずかに異なっている。このずれを視覚中枢の処理過程で1つに融合することによって，奥行知覚が生じる。

〈経験的手がかり〉

奥行知覚の手がかりのなかには，私たちの環境の特徴に基づくもので，過去経験によって手がかりとして利用されるようになったものもふくまれている。そうしたものとして，刺激の相対的大きさ，重なりあい，線遠近法，きめの勾配，大気遠近法，陰影などがある（図2-13）。

(a)相対的大きさ
対象が同じなら，小さいものほど遠くにあるように見える。

(b)重なりあい
重なっていることは，1つが他のものの前にあることを示している。

(c)線遠近法
線路などの平行線の網膜像は遠方の1点に集まる。（ウェイド，1990）

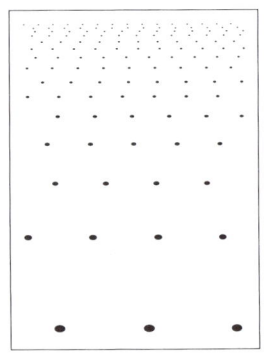

(d)きめの勾配
網膜像における刺激の大きさと密度は，遠方のものほど小さく密になる。（ギブソン，1950）

(e)大気遠近法
大気の散乱のため，遠くの対象の明暗の差は近くの対象より小さくなる。（ウェイド，1990）

(f)陰　影
対象の立体感を見せるための手がかりである。

図2-13　奥行きの経験的手がかり

(2) 運動の知覚

1) 実際運動と仮現運動
環境内の事物が実際に動いていても，その運動が必ずしも知覚されるとは限らない。私たちがとらえることができる運動の速さの範囲には限界があり，速すぎる運動（テレビの走査線の動きなど）や遅すぎる運動（時計の短針の動きなど）は知覚できない。

一方，実際には事物が動いていないのに運動しているように見えることもある。ネオンサインのように継時的に異なった場所で光が点灯する場合に，運動が知覚されることがある。これを仮現運動という。アニメーションや映画の画面のように，少しずつ異なった静止画像が，適切な時間間隔で次々に呈示され

> **ブレイク**
>
> ## バーチャル・リアリティ（仮想現実）
>
> 　3次元的な仮想環境のなかで，人間が自由に行動でき，仮想環境と人間の相互作用をリアルタイムで行うことを可能にするメディアを，バーチャル・リアリティという。
>
> 　24世紀を舞台にしたSFテレビドラマ・シリーズ「新スタートレック」に，ホログラム・デッキ，通称ホロデッキなるものが登場する。宇宙船の中のホロデッキとよばれる部屋に入ると，そこは扉の外とは別世界になっていて，19世紀末のロンドンの街並みが広がっていたり，鳥のさえずりが聞こえる深い森だったりする。乗組員たちはホロデッキをレクリエーションに使っていて，しばし好みの小説の世界の登場人物になったり川下りを楽しんだりする。ホロデッキの川下りでも，水しぶきがかかると冷たいし，舟を漕ぎすぎて肩を傷めることもある。このような，視覚だけでなく五感のすべてを刺激する，現実感のある映像が，バーチャル・リアリティの進歩した姿であろう。
>
> 　仮想環境が人間にとって自然な3次元空間を構成しているという臨場感，仮想環境のなかで人が自由に行動でき仮想環境との相互作用がリアルタイムで生じうるという実時間インタラクション，自分自身の投射が仮想環境に生じるとともに仮想自己と一体化した自己を感じうるという自己投射性が，バーチャル・リアリティの3要素とされている（舘・廣瀬，1992）。そこでは，仮想世界を五感を刺激する臨場感あふれる方法で人に呈示する技術と，人間の動作，姿勢，意思などを計測して仮想世界にフィードバックする技術が必要になる。
>
> 　バーチャル・リアリティの応用の一種であるテレビゲームが多くの子どもたちを引きつけているのは，3次元的なコンピュータ・グラフィックスで表現された仮想世界のなかで，仮想自己である主人公がプレイヤーの意思のままに動いて，仮想環境と手ごたえのある相互作用をして活躍するからである。それだけ，子どもたちは現実の世界では，手ごたえのなさや無力感を感じているということだろうか。

た場合も仮現運動が起こり，私たちはなめらかな画像の動きを知覚する。

2）自動運動と誘導運動　　暗闇のなかの光点を見つめていると，その光点は実際は動いていないのに，不規則な動きをしているように見える。これは，空間定位の枠組みがないところで，私たちの目の動き[*3]が対象の動きと混同されたため起こる現象で，自動運動という。

　運動を知覚するときには，対象間の相対運動が重要な手がかりとなる。視野のなかに静止対象が存在すれば運動を知覚しやすいが，大海原に浮かぶ船のように周囲に静止対象がないときには動きはとらえにくい。ゆっくり動く雲の間から見える月が，雲と反対方向に動いているように感じられることがある。雲が枠組みとなって止まって感じられ，その枠組みに対して月が相対的に動いて知覚される現象で，誘導運動という[*4]。

[*3]　網膜の同一の点に同じ刺激が与えられつづけると，順応のためその刺激は見えなくなってしまう。私たちはそれを防ぐため，生理的に，いつも眼を静止させずに動かしている。

[*4]　自分の身体と外界との間で誘導運動が起こることもある。駅で上りと下りの電車が並んで止まっているとき，自分の電車が発車したと思ったら，実はとなりの電車が動いていたというのが，その例である。

【Further reading】

新編 感覚・知覚心理学ハンドブック　大山 正・今井省吾・和気典二(編)　1994　誠信書房
　　感覚・知覚心理学の総合的ハンドブックで，第一線の研究者たちが執筆。
脳と視覚―グレゴリーの視覚心理学―　リチャード.L.グレゴリー(近藤倫明・中溝明夫・三浦佳世訳)　2001　ブレーン出版
　　視覚の心理学の入門書として定評があった本に新しい知見を加えた改訂版。
シーイング錯視―脳と心のメカニズム―　J.P.フリスビー(村山久美子訳)　1982　誠信書房
　　豊富な図版が美しい。
どうしてものが見えるのか　村上元彦　1995　岩波新書　岩波書店
地平の月はなぜ大きいか――心理学的空間論――　苧阪良二　1985　講談社ブルーバックス　講談社
応用心理学講座7　知覚工学　大山 正・秋田宗平(編)　1989　福村出版
　　知覚の応用面に関心がある人に，読んでほしい本。

演 習

　本を両手に持って腕を伸ばして，下の図をまず遠くから見てください。それから，左眼は閉じ，右眼で×印を注視しながら，次第に図を近づけていってください。だいたい30cmのところまで近づけると●が見えなくなります。これは，黒丸の像が，眼の盲点に入ったためです。

　盲点とは，網膜から脳につながる視神経の束が出ている部分で，そこには光を受容する細胞がありません。ですから，その部分に像が投影されても見ることはできません。
　盲点を実感できましたか。それでは，次の課題を考えてください。

課題　網膜には盲点があるのに，私たちは日常生活で視野のなかに見えないところがあって困ることはありません。どうして見えない部分が生じないのでしょうか？

第3章　経験のはたらき

　ヒトや動物の示す行動には，生まれつき備わる行動と，生後の経験を通じて獲得する行動がある。たとえば，呼吸や心拍を維持したり，熱いものに触れた瞬間に手を引っ込めるのは生まれつき備わる行動であり，自転車に乗ったり車を運転するのは経験によって獲得する行動である。こうした行動は，どのようなしくみから起こっているのだろうか。

1　行動とは——反射と学習

　心理学ではヒトと動物を生活体とよび，生活体の示す反応を総称して行動[*1]という。その際，生得的な行動を反射[*2]，後天的な行動を学習という。

　反射はそれを起こそうという意図や意識によらず，特定の刺激があれば自動的に起こる。そのしくみは反射弓[*3]とよばれる神経機構であり，刺激を受けとめる受容器，行動の指令を発する中枢，実際に行動を起こす器官である効果器という経路から成り立っている。

　反射中枢は様々な箇所に存在する。たとえば，ひざの下を叩くとぴょこんと脚が持ち上がる腱反射の中枢は脊髄[*4]にあり，光量の変化に対応して瞳孔の大きさが変化する対光反射の中枢は脳幹[*5]にある。

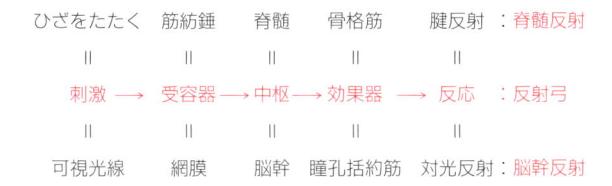

```
    ひざをたたく  筋紡錘   脊髄   骨格筋     腱反射 ：脊髄反射
       ‖         ‖     ‖    ‖
     刺激  →  受容器 → 中枢 → 効果器  →  反応  ：反射弓
       ‖         ‖     ‖    ‖
    可視光線    網膜   脳幹  瞳孔括約筋   対光反射：脳幹反射
```

2　学習のメカニズム

　生活体をとりまく環境は絶えず変化している。もし，生活体が反射のように決まりきった行動しかもたないとすれば，環境への適応はごく限られたものになってしまうだろう。こうした不都合を避けるため，生活体には環境の変化に

[*1]　一般に，行動とは身体運動や精神活動などを意味するが，そうした活動を可能とする中枢神経系などの生理機構のはたらきも含む。
[*2]　反射のうち生後4，5カ月頃に消失するものがあり，原始反射とよばれる。たとえば，モロー反射は，あお向けに寝かせた赤ちゃんの頭をいったんもちあげてから落とすようにすると両手をかき抱く動作をすることをいう。交叉性伸展反射は，どちらか一方の脚を伸ばした状態で足底を刺激すると，反対側の足に屈曲が起こり，その後勢いよく伸展することをいう。一方，原始反射が消失する頃，より高次の反応が現れる。たとえば，パラシュート反応は倒れそうになるときに両手を前に出す反応などであり，ステッピング反応はバランスを崩しそうになると，反対側の脚が交叉して踏み出されることをいう。
[*3]　反射弓の一部に大脳新皮質を含む反射があり，皮質反射とよばれている。たとえば，目隠しした動物の前脚を物に近づけると脚をあげて登ろうとする踏み立て反射などがある。
[*4]　脊髄とは背骨の中を通る中枢神経系を総称していう。
[*5]　脳幹とは脳と脊髄の中間に位置する部分で，延髄，橋，中脳を総称していう。

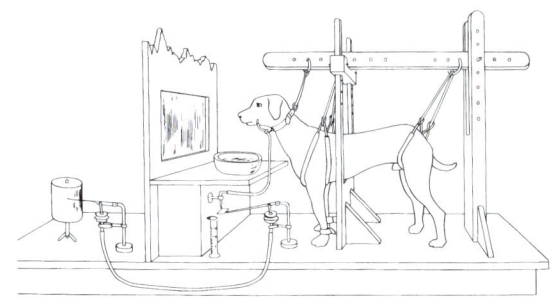

図 3-1　古典的条件づけで用いる実験装置（ステファン,1987）

応じて新しい行動を獲得し維持するしくみがある。このしくみを学習とよび、通常、経験の結果として起こる比較的永続的な行動の変容と定義している。

(1) レスポンデント（古典的）条件づけ（respondent conditioning, classical conditioning）[*6]

パブロフ（1927）は、犬にメトロノームの音を聞かせた直後にえさを与える実験をくり返すと、音だけで唾液が分泌されることを見いだした（図3-1）。

唾液分泌は脳幹反射であり、本来メトロノームの音など食物以外の刺激では生じない。しかし、音が鳴ると必ず食物が与えられるという環境の変化により、あらかじめ唾液を分泌することは、消化の過程を効率よく進められるというメリットを生じる。そのため、音だけで唾液が分泌されるようになる。このように、反射も環境の変化に応じて変化する柔軟性があり、まぎれもなく学習の一形態と考えられる。

えさのように、必ず唾液分泌を起こす刺激を無条件刺激（Unconditioned stimulus：US）、結果として生じた唾液分泌を無条件反応（Unconditioned response：UR）とよぶ。一方、メトロノームの音のように唾液分泌を起こさない刺激を条件刺激（Conditioned stimulus：CS）、その刺激によって生じる唾液分泌を条件反射（Conditioned response：CR）とよぶ。

同じ唾液分泌でもそれが無条件刺激で生じれば無条件反応、条件刺激で生じれば条件反応とよぶが、行動としての唾液分泌自体は同じである。古典的条件づけでは、無条件刺激と条件刺激を対呈示することによって、やがて条件刺激だけでも唾液分泌が起こるようになる。

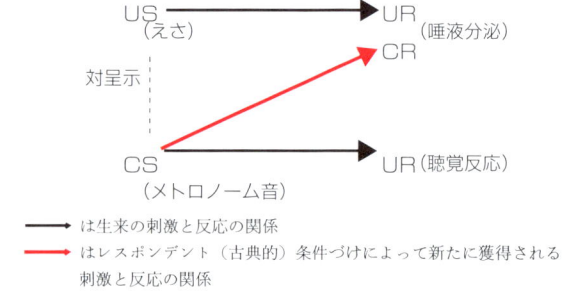

いったん条件づけが成立すると、原刺激と類似した音に対しても生じるようになるが（般化）、類似音に対してはえさを与えない手続きを繰り返すと、原刺激では唾液が分泌されても類似音に対しては起こらなくなる（分化）。一般に、音が鳴ってもUSが与えられない手続きが続くと、条件反射は次第に消失するが（消去）、その間には一時的に反応が回復しつつ消失へと向かうという過程が見られる（自然回復）。

[*6] 反射のように、生得的に備わる行動をレスポンデントとよぶ。

(2) オペラント（道具的）条件づけ（Operant conditioning, Instrumental conditioning）

スキナー（1938）は，生活体の示す意図的な行動（オペラント）が，それを行った結果として生じる事象によって，その後の頻度が大きく変化することを明らかとした。

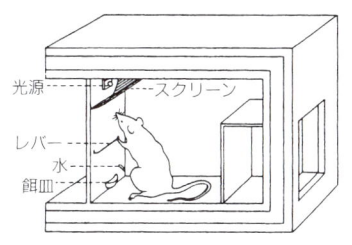

図 3-2　スキナーボックス（山本，1984）

たとえば，空腹のマウスが偶然レバーにふれてえさを得ると，その後マウスは意図的にレバーを押すようになる。レバーを押すという意図的な行動は，結果としてえさを得るという事象をもたらすために，その後の自発頻度を増大させる（図 3-2）。

このように，ネズミはえさを得るためにレバーという道具を用いるという見方から，オペラント条件づけは道具的条件づけともよばれる。その際，えさのようにレバーを押すというオペラントの自発頻度を増加させる刺激を正の強化子とよび，レバー押しに際して実際にえさを呈示する手続きを正の強化とよぶ。

一方，たとえばレバーを押すと電撃が与えられるような事態であれば，ネズミはレバーを押すというオペラントを起こさなくなる。このようにオペラントの自発頻度を低下させる刺激は，負の強化子とよばれる。また，レバーを押しても電撃が与えられないというように事態を変化させれば，レバーに触れる頻度が電撃を与える前の水準まで回復する。このようにその除去によってオペラントの自発頻度を増大させる手続きを負の強化とよぶ。

オペラントは，正の強化子が伴うか，負の強化子が除去される場合にその後の自発頻度が増加し，正の強化子が伴わない場合や負の強化子が伴う場合（罰）には低下する。オペラント条件づけの形成は，強化刺激の提示方法（強化スケジュール）によって分類される。

```
強化スケジュール
├─基本スケジュール
│  　定時隔強化（FI）：一定の時間間隔ごとに強化を与える
│  　変時隔強化（VI）：ランダムな時間間隔で強化を与える
│  　定 率 強 化（FR）：一定回数の行動ごとに強化を与える
│  　変 率 強 化（VR）：ランダムな回数ごとに強化を与える。
│  　　　　　　　　etc.
└─複合スケジュール：基本スケジュールを組み合わせたもの
```

(3) インプリンティング（Imprinting：刻印づけ，刷り込み）

ローレンツ（1957）は，アヒルやカモなどのひなが，卵からふ化した後，親鳥を追尾する行動に注目し，インプリンティングと名づけた（図 3-3）。

この行動は，臨界期という，ふ化後ある一定の時間内（13～16時間）に獲得されるため，学習の一形態と考えられる。しかし，通常の学習とは異なり，たった一度の経験から獲得されるうえ，いったん獲得されると消去が起こらず，生涯を通じて維持される。

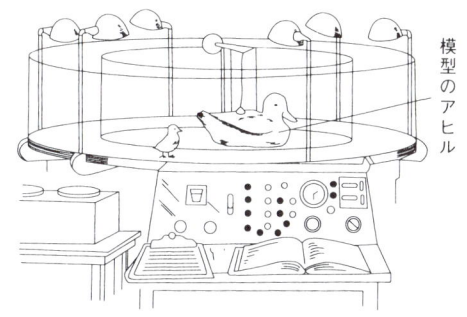

図 3-3　インプリンテングの実験装置（ヘス，1959）

ヒトの場合，母国語の獲得，外国語の音韻，愛着，学習能力，社会性の発達などに臨界期（乳・幼児期）のあることが知られている。

(4) モデリング（modeling）

バンデューラ（1965）は，被験者の子どもたちに人形に対して乱暴をはたらくモデルのフィルムを見せたあと，ある子どもたちにはそのモデルがほめられるフィルムを，別の子どもたちには叱られるフィルムを見せ，同じ人形で遊ばせてみた。その結果，ほめられたフィルムを見せられた子どもの方が，モデルをまねる割合が高かった。このように，他者（モデル）の行動を観察することによってその行動を自らのレパートリーとする学習がモデリングであり，観察学習ともいわれる。

観察者は，モデルが正の強化子を与えられる場合（代理賞）にはその行動が獲得される可能性が高まり，負の強化子が与えられる場合（代理罰）には獲得されない可能性が高まる。どちらの場合も，観察者自身が直接には関与しない代理強化に依存している。

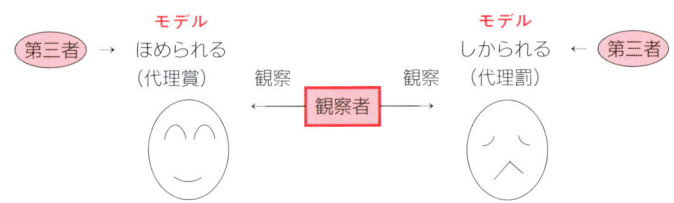

(5) 学習曲線

横軸に試行数，縦軸に学習成績をプロットした曲線を学習曲線とよぶ（図3-4）。学習曲線には3パターンあり，Aは最初は急速に上昇するが次第に減速するパターンで，負の加速曲線とよばれる。Bはある時点から急激な成績の上昇を示すパターンで，正の加速曲線とよばれる。Cはその両方の特徴をもつパターンで，S字型曲線とよばれる。このパターンには，試行を続けてもある一定期間成績の上昇しない期間（高原現象）[*7]が生じる。技能の習得過程にみられる特徴で，スランプとよばれるものにあたる。

3 記憶と忘却

生活体が新しい行動を獲得し維持できるのは，経験を記憶として蓄えられるからである。[*8]記憶は複数のシステムを擁する複雑なしくみで，情報を長期に渡って貯蔵するしくみだけではなく，さしあたって必要な情報のみをピックアップし，

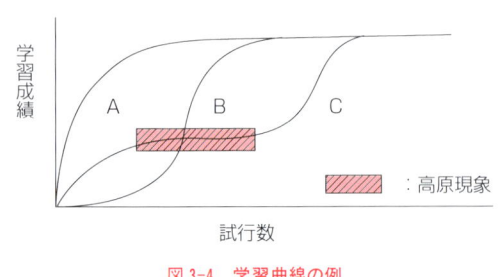

図3-4 学習曲線の例

---

*7 通常，プラトーとよばれる。
*8 記憶という行動は，通常3つの区分で捉えられる。1つは，情報を自分の頭に格納する場合で内部記憶とよばれる。一方，メモをとるといったように自分の頭以外のもの（外部記憶装置）に情報を蓄える行動を外部記憶という。さらに，知っていそうな人に質問するというように，他人の頭にある情報を利用する行動もあり，他者との取引を行うという意味からトランザクティヴ・メモリーとよばれる。

不必要な情報は短時間で消失されるしくみなどがある。

(1) 符号化・貯蔵・検索

通常，記憶には覚える段階，覚えておく段階および思い出す段階というように，時間の流れに沿った3つの段階が区分できる。それぞれの段階に対応し，符号化，貯蔵，検索という処理過程がある。

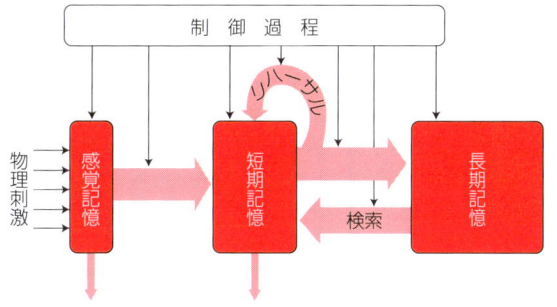

図3-5　Atkinson & Shiffrin (1968) による記憶の情報処理モデル

符号化とは様々な感覚情報や経験を記憶情報とするために行われる処理過程であり，その情報を想起するまで格納しておくしくみが貯蔵である。また，貯蔵されている情報を思い出すための処理が検索であり，何の手がかりも用いずに思い出す再生，手がかりを見て経験したものかどうかを判断する再認などのはたらきがある。[*9]

> **ブレイク**
>
> ## 知恵をつけるための方法：PQ4R
>
> ヒトは野生動物のように鋭い爪も牙も持たないため，もしサバンナに放置されたとしたら，とたんに命の危険にさらされるであろう。しかし，ヒトには知恵がある。それを使って危険動物を撃退することもできれば，様々な危険を回避することもできる。ある意味，知恵とは最強の武器といえるかも知れない。
>
> では，知恵がなければどうすればよいだろうか。その点，ヒトは必要な知恵を知識として蓄え，それを必要に応じていつでも学ぶことができる。ただし，わたしたちが学ばねばならない事柄は非常に数多くあるし，よりよく学べるかどうかという別の問題も生じる。
>
> PQ4Rは学ぶべき事柄をより確実に，より効率的に獲得するために開発された学習方法の1つであり，下見 (Preview)，設問 (Question)，読むこと (Read)，熟考 (Reflect)，暗唱 (Recite)，復習 (Review) の頭文字を取ってつないだものである。
>
> 学ぶべき内容を小分けし，部分ごとに何が大切な情報かをつかみ (下見)，問題を設定し (設問)，それを解くように丹念に読む (読むこと)。また，関連する事柄は何かないか，身近な例はないかなどじっくり考える (熟考)。そのようにして1つの部分を学習したら，そこで学んだ事柄を繰り返し唱える (暗唱)。同じように，次の部分についても学習を進め，全体を終えたら主要な事柄を思い出し，まとめてみる (復習)。
>
> 説明すれば当たり前のことだが，理解し，問題を考え，それを解き，記憶し思い出し，まとめるといった様々な認知的作業をくり返すことによって，学ぶべき情報は確実に身についていく。かつてユークリッドが幾何学に王道なしといったように，よりよく学ぶのに常に近道はありえない。

[*9] 他に再構成とよばれる検索形態もある。たとえば，いったん崩した将棋の駒を元通りに再現できれば，まぎれもなく記憶のはたらきによる。

表 3-1 貯蔵システムにおける保持時間と容量

	保持時間	保持容量
感覚記憶	約1秒	∞(無限大)
短期記憶	約18秒	7±2 chunk
長期記憶	生涯	∞(無限大)

(2) 記憶の位相

1）感覚記憶 環境は刻々と変化するため，重要な情報にいつ出会うか分からない。そこで，記憶の初期の情報処理は，各感覚器官で受容可能な情報をすべて取り込んだ後，必要な情報のみをピックアップする。そうした処理を行うしくみが感覚記憶であり，保持容量はきわめて大きい。しかし，その保持時間は約1秒程度（スパーリング，1960）である。

2）短期記憶 一時的に覚えておける情報量に個人差はあっても，ある一定の限界があることは多くの人が気づいているに違いない。たとえば，講義の最中，先生が次々と重要な話を矢継ぎ早に話せば忘れないうちにメモしよう，と思うだろう。そうした行動は，一時的に覚えておくことのできる情報量に限界のあることを示す例である。

ミラー（1956）は，短期記憶の保持容量を膨大な先行研究のデータから収集したうえで，その容量を7±2（チャンク）と確定した。この数は情報量そのものではなく，意味的にまとめることのできる数である。ミラーは，この数値をマジカルナンバー（不思議な数）とよんだ。

短期記憶の保持時間は約18秒と短いが（ピーターソンとピーターソン，1959），感覚記憶と同様，連続的に情報処理を行うために重要な意味をもつ。

3）長期記憶 長期記憶は，短期記憶から転送された情報を長期的に保持するシステムである。そのため保持時間は18秒以上から生涯にわたり，保持容量は実質的には無限大である。長期記憶への情報転送は，情報の復唱による

ブレイク

動画のメカニズム

たとえば，テレビの明るい画面の前でペンを上下に振ると，1本しかないはずのペンが複数に見える。あるいは，パソコンの画面上でマウスをすばやく動かすと，やはり1つしかないはずの矢印が複数あるように見える。これは，感覚記憶のはたらきによって生じる視覚現象である。

ペンの場合，上下に振る速度が5秒で往復10回程度ならば，複数に見える。この場合，1秒で2往復なので1回上か下に振るのに4分の1秒，つまり0.25秒かかることがわかる。仮に，1秒に1往復，0.5秒でも複数に見えるが，1秒以上になるともはや複数には見えない。これは，感覚記憶の保持時間に対応する事実である。

こうした感覚記憶のはたらきによって，わたしたちは映画を楽しむことができる。基本的に映画はフィルムであるため，その1コマ1コマはいわば写真である。したがって，決して動いて見えることはない。しかし，感覚記憶のはたらきによって，刻々と提示される画像が連続し，いかにも動いているように知覚される。

ちなみに，まばたきをしているとき，視界は一瞬とぎれているにもかかわらず，わたしたちは誰しも視界がとぎれるように感じることはない。このことも，感覚記憶のはたらきによって一瞬視界がとぎれている間も外界の視覚情報が保持されていることを示している。

リハーサルや，個人のもつ知識と関連づける精緻化などの活動による。

長期記憶には，格納する情報の種類に応じて様々な貯蔵庫がある。意味や概念，言葉などの情報は意味記憶とよばれるシステムに，出来事はエピソード記憶とよばれるシステムに格納される。こうした記憶システムは，情報が言葉で翻訳できるため，宣言的記憶システムとよぶ。

言葉では翻訳不可能な情報の貯蔵庫も様々あり，非宣言的記憶システムとよばれる。たとえば，熟練技能や条件づけ，プライミング効果などのシステムがある。熟練技能には，職人芸のように身体運動としての技能と，解法の分かった問題と類似していればスラスラ解けるようになるような認知技能がある。

最初に提示された刺激（プライム prime）によって，次に提示される刺激（ターゲット target）への反応がどのように変わるか，つまりプライムがターゲットにもたらす文脈効果をプライム効果という。たとえば，海外の小説で初めは読みにくい登場人物名があっても，何度もその人名を見ているうちに，次第にスラスラと読めるようになる反復プライミングや，その人物名に関連した他の人名を想起しやすくなる連合プライミングなどがある。こうした活動が可能になるのは，人物名が登場するたびにその記憶情報が活性化されるためであるが，その検索は意図によらず自動的で意識されない。

このようなプライミングは，私たちが情報を自動的に入手したり，意識せずに処理をする重要な手段となっており，私たちの生活のさまざまな場面で機能している。

(3) 忘　　却

人間の記憶はどのように変化するのであろうか。記憶変化の様相をみてみよう。図3-6を見ると，記憶の保持は，直後想起から急速に減少するのがわかる。1日経つと30％程度しか覚えていない。つまり，一夜漬けで記憶を固定させるのは難しく，反復して想起する必要がある。

思い出せない，再現できないことを忘却とよび，忘却のメカニズムを説明している理論には，以下の4つの仮説があるが，ケースによっていずれかの説明が適用される。

①**減衰説**：時間の経過に伴って記憶情報が消失するために思い出せなくなるという仮説である。

②**干渉説**：記憶情報そのものは失われていないが，断続的に行われる様々な精神活動によって検索が阻害されるために思い出せなくなるという仮説である。

③**検索失敗説**：記憶情報そのものは失われていないが，検索という活動そのものの失敗によって思い出せなくなるという仮説である。

④**抑圧説**：フロイトは，忘却の原因を抑圧という心のメカニズムにあると考える仮説

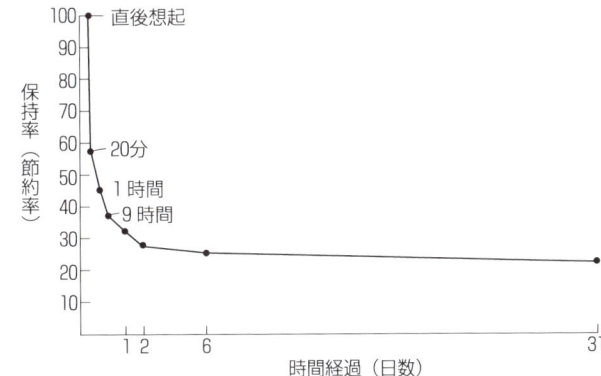

図3-6　減衰（忘却）曲線（エビングハウス，1885）

を提出しており，抑圧説とよばれている。

(4) 日常記憶

　従来，記憶に関する研究の多くは実験室研究が主であった。それによって記憶に関する知見は驚くほど豊富に得られたが，それだけではごく普通に経験する日常場面での記憶現象について十分に説明することがむずかしいことも事実であった。そうした反省から，近年，日常的な記憶現象に関心がもたれるようになってきた。

　たとえば，ショッキングな出来事が瞬間的に焼けつけられるように記憶に残るという現象について（フラッシュバルブメモリー），各個人に固有な記憶の特徴について（自伝的記憶），プライミング効果のように記憶情報に基づく行動でありながら明確な想起意識が伴わない行動について（潜在記憶），将来のある時点まで覚えておかなければならないような記憶について（展望的記憶），などの研究がある。

参　考

フラッシュバルブメモリー

　誰しもありありと脳裏に浮かぶ記憶がある。それは子どもの頃の出来事かも知れないし，つい最近の経験である場合もあるだろう。そうした記憶の特徴は，自分にとって何かしら衝撃的な意味をもつ出来事であることと，まるでパシャッとカメラで撮影したかのようにあざやかに思い出せることである。ブラウンとカーリック（1977）は，このような記憶を写真を写したかのように，という意味を込めて，フラッシュバルブメモリーと名づけた。

　衝撃的な出来事ほど鮮明に記憶に残ると思われがちであるが，実際は微妙な問題で，まだ結論としては確定していない。というのも，出来事にはその意味や内容を形成する事柄（中心的事象）と，それには直接関係しない事柄（周辺的事象）があり，またそうして出来事そのものがその個人にとってどのような意味をもつのかなどについて，正確に決定できないからである。

　また，ふつうの記憶は時間の流れとともにあいまいとなり，ついには忘れてしまう。そういう見方からすると，フラッシュバルブメモリーは通常の記憶とは違ったプロセスによって記憶されるのではないかとも考えられるが，様々な研究の結果，時間の経過の中で，その内容も少しずつ変容していくことがわかってきた。自分ではいくらあざやかに思い出せるとは思っても，それはやはり変化していたのである。フラッシュバルブメモリーに限らず，なぜわたしたちは自分の記憶の多くが正確で変化しないものと思っているのか，興味のあるところである。

【Further reading】

実験心理学 大山　正(編)　1984　東京大学出版会
　　心理学における主要な実験研究のテーマである感覚, 知覚, 記憶などに関して, 基礎的な知識を得るのに適している。

グラフィック学習心理学　行動と認知 山内光哉・春木　豊(編)　2001　サイエンス社
　　行動を獲得するしくみである学習に関して, 基本事項を学ぶのに適している。説明が平易で, 図表も多く, 理解しやすい。

現代基礎心理学4　記憶 小谷津孝明　1982　東京大学出版会
　　記憶のはたらきに関して行われてきた研究を概観するとともに, その結果得られた知見をまとめるのに適している。

エピソード記憶論 太田信夫　1988　誠信書房
　　記憶研究における新しい知見が多く, 現在の研究動向を理解するのに適している。重要な知見が網羅的に記述されている。

認知心理学　講座1　記憶 G. コーエン・M. W. アイゼンク・M. E. ルボワ(長町三生監修・認知科学研究会訳)　1989　海文堂
　　もっとも新しい記憶研究である日常記憶を概観するのに適している。代表的な研究はトピックとして, その要約が載せられている。

情報処理心理学入門Ⅱ　注意と記憶 P. H. リンゼイ・D. A. ノーマン(中溝幸夫・箱田裕司・近藤倫明訳)　1986　サイエンス社
　　注意という観点から記憶を広く解説している。研究知見だけではなく, その説明理論についても基礎的な知識が得られる。

課題1　反射をテストする
〈反射の性質〉

　反射は特定の刺激によって自動的に生じる。また，自律神経に支配される行動であり，自分の意識や意図でコントロールすることはできない。こうした反射の性質を実際ためしてみよう。

1　自分自身で確かめる反射

(1) 手のひらを力いっぱい広げ，急に力を抜いてみよう。手指が自動的に収縮するのが分かるはずである。これは伸張反射とよばれる反射の1つである。

(2) 足の指を力いっぱい広げると，脚全体の筋肉が緊張し，収縮するのを感じる。これは，伸筋突伸(しんきんとっしん)とよばれる反射である。

(3) 摂食に際して，食物を確実に胃に送るため，口腔(こうくう)，食道，胃は協同して運動することが知られ，嚥下(えんげ)反射とよばれている。この反射が起こっているときは，呼吸中枢が抑制される。そこで，だえきを飲み込むときに呼吸がどうなっているか何度か試してみよう。だえきを飲み込むときに呼吸がとまっているのを感じることができる。

(4) できるだけ長く呼吸をとめ，その後心臓の鼓動を感じてみよう。欠乏した酸素を供給するため，心臓の鼓動がはやくなるのを感じることができよう。こうした体内調節のしくみも反射同様，生得的にそなわるしくみである。

2　他者の眼で確かめる反射

(1) 相手に暗い方を向いてもらう。その時の瞳孔の大きさを確認したあと，ゆっくりと明るい方，たとえば窓の方を向いてもらう。すると，瞳孔が収縮するのが観察できる。次に暗い方を向いてもらうと，瞳孔の拡大が観察できる。これは，明るさに応じて自動的に生じる対光反射である。対光反射では，一方の眼に光を当てた場合，他方の眼でも瞳孔の収縮が観察される。

(2) 瞳孔の収縮，拡大という変化は，明るさだけで生じるわけではない。目の前にあるものを見つめる際にも瞳孔の収縮が観察され，近見(きんけん)反射よばれる。そこで，相手の目の前にペンを近づけ，注意して見てもらう。すると対光反射同様，瞳孔の収縮が観察できる。

(3) 物体が急に近づくような場合，瞬間的にまばたきが起こる。これは瞬目(しゅんもく)反射とよばれ，眼球を保護するための反射である。瞬目反射はくしゃみをするときや，睡眠でも起こる。そこで，相手の目の前で手をたたいてみよう。相手のまぶたが瞬間的に閉じるのを観察できる。

(4) 眼球は頭の動きによらず，一定に保たれる。相手と向かい合い，ゆっくりと頭を右方向へ回転してもらう。すると，眼球はその動きを打ち消すかのように，左方向に動く様子が観察される。次は，再び正面を向いてもらい，左方向に頭を回転してもらう。すると，右方向に眼球が動く様子を見ることができる。これは前庭(ぜんてい)・眼(がん)反射とよばれ，外界の知覚に大きく貢献する反射である。

課題 2　身近な経験にあてはまるオペラント条件づけの原理

〈オペラントの性質〉

　オペラントは，自分の意識や意図によって生じる行動であるため，それをするのもやめるのも自分の意識や意図によってコントロールできる。簡単にいえば，オペラントとはやめようと思えばいつでもやめられる行動である。

1　身近なオペラントをあげてみよう

　ふだん自分が何気なくしている行動から，オペラントをみつけてみよう。たとえば，食事に行く，カラオケに行く，という行動は，やめようと思えばやめることができるため，オペラントといえる。そして，それを行った結果，どのような出来事が生じたかあげてみよう。例えば，食事に行った結果，おいしかった，思ったより安かったというような出来事である。

（例）食事に行く	おいしい
（例）カラオケに行く	楽しい，ストレス解消
（例）けんかをする	嫌な思いをする
（例）禁煙する	ほめられる

2　オペラント条件づけの原理にあてはめて解釈してみよう

　オペラントを行った結果として生じた出来事が，自分にとって好ましい出来事なら，それを正の強化子と考える。一方，好ましくない出来事であれば，それを負の強化子と考える。表にまとめられたオペラント条件づけの原理にあてはめてみよう。

	呈示	除去
正の強化子	正の強化 （行動の維持）	罰 （行動の弱まり）
負の強化子	罰 （行動の弱まり）	負の強化 （行動の維持）

正の強化：正の強化子がある場合は，正の強化とよばれる。この場合，その意図的行動は維持されやすい。たとえば，はじめての店に食事に行った結果，おいしかったり安かったりしたという正の強化子があると，再びその店に行く可能性が高い。

罰：正の強化子がない場合や負の強化子のある場合は罰とよばれ，そうした結果をもたらす意図的行

動は維持されにくい。たとえば，ひどいけんかをして嫌な思いをすれば，その後相手とつきあうという意図的行動は起こしにくくなる。

負の強化：それまであった負の強化子がなくなる場合，負の強化とよばれる。この場合にも，正の強化同様，意図的行動を維持しやすい。たとえば，友人のなかに何かといやみをいう人がいて話しにくかったのが，ある時からいやみをいわなくなったとすれば，その人とは比較的話しやすくなる。

課題3　短期記憶と長期記憶を分ける根拠

〈系列位置効果〉

記憶はたった1つのしくみではなく，少なくとも短期的に情報を保持するしくみと，長期的に情報をたくわえる2つのしくみがあることを示す現象が系列位置効果である。課題にしたがって，この現象を学んでみよう。

1　系列学習と系列再生

いくつかの単語を順番どおりに覚えるように，いくつかの刺激を一定の順序で覚えることを系列学習とよび，それぞれの順番を系列位置という。また，覚えた順序で単語を再生することを系列再生という。

さて，下の系列1に示された9個の単語を順番どおりに覚えてみよう。その際，他の系列と単語は直接見えないように何かで隠しておく方がよい（2人ペアとなって1人が読み上げ，他方が覚えるのもよい）。1語1秒程度の速さで読み（黙読でもよい），最後までいったら再び最初の単語に戻る。

こうしたやりかたで，3回程度くりかえす。終了したら，最初の単語から思い出して，結果の空所に書いてみよう。覚えていないところは空白でよい。同じようにして系列4までやってみる。

系列1：教育　意志　方向　訪問　価値　無線　椅子　美術　安心

系列2：空気　映画　希望　権利　漁業　特徴　呼吸　過失　俳句

系列3：利用　公園　睡眠　推理　想像　思想　音楽　結晶　企業

系列4：電波　文学　就任　学校　階級　通学　時計　用意　注意

結　果

系列1：1._____ 2._____ 3._____ 4._____ 5._____ 6._____ 7._____ 8._____ 9._____

系列2：1._____ 2._____ 3._____ 4._____ 5._____ 6._____ 7._____ 8._____ 9._____

系列3：1._____ 2._____ 3._____ 4._____ 5._____ 6._____ 7._____ 8._____ 9._____

系列4：1._____ 2._____ 3._____ 4._____ 5._____ 6._____ 7._____ 8._____ 9._____

分　析　　結果をグラフに表わす

　系列位置ごとの4つの単語を，まったく覚えていなければ0％，1つ覚えていれば25％，2つなら50％，3つなら75％，4つなら100％とし，グラフに○印を書き，線で結んでみよう。

　系列位置の最初の方，あるいは最後の方にある単語はよく覚えていることが確認できるだろう。もし，確認できたとすれば，それが系列位置効果である。系列位置の最初の数単語と末尾の数単語の記憶保持がよいことを，それぞれ初頭効果，新近性効果という。

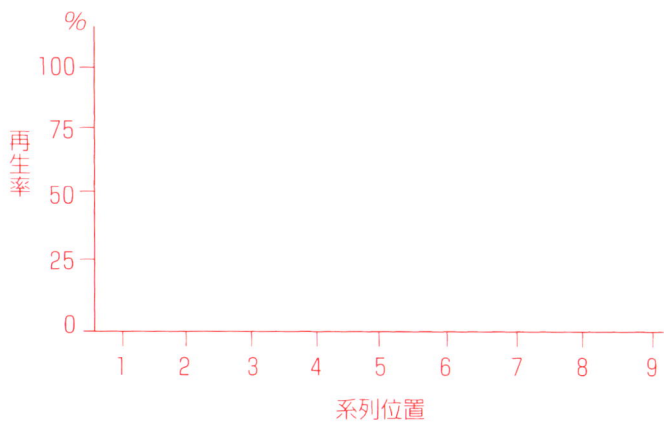

2　干渉課題を行う場合の系列位置効果

　前の1と同じ要領で，次の4つの系列の単語を覚えてみよう。ただし，各系列を3回くりかえして覚えたあと，系列の下に示す暗算を行ってから再生する。暗算は，特定の数字にある数を次々と加算していくものと減算していくものがある。たとえば，26に3ずつ加算する場合は，29，31，34，37，41，…，43から4ずつ減算する場合は39，35，31，27，23，19，…となる。

　系列1：感情　　結果　　子供　　試合　　意味　　先生　　石油　　選挙　　挨拶

　暗算：23に5ずつ加算しなさい（指で数えながら10回程度行う）。

　系列2：論理　　相手　　運命　　練習　　現在　　材料　　留学　　芝居　　切手

　暗算：52から3ずつ減算しなさい（指で数えながら10回程度行う）。

　系列3：笑顔　　午後　　気分　　朝日　　作品　　平和　　貿易　　使用　　帽子

　暗算：49から3ずつ減算しなさい（指で数えながら10回程度行う）。

　系列4：磁器　　言葉　　協力　　遠足　　砂糖　　長所　　医者　　命令　　報告

　暗算：18に4ずつ加算しなさい（指で数えながら10回程度行う）。

結　果

系列1：1._____ 2._____ 3._____ 4._____ 5._____ 6._____ 7._____ 8._____ 9._____

系列2：1._____ 2._____ 3._____ 4._____ 5._____ 6._____ 7._____ 8._____ 9._____

系列3：1._____ 2._____ 3._____ 4._____ 5._____ 6._____ 7._____ 8._____ 9._____

系列4：1._____ 2._____ 3._____ 4._____ 5._____ 6._____ 7._____ 8._____ 9._____

分　析

比較のために，1で用いたグラフに今度は△印をつけて点線で結んでみよう。1の結果と比べて，新近性効果の低下することが観察できるだろうか。

系列位置効果の特性

なぜ，刺激を一定の順序で記憶するとU字型の曲線が得られるのであろうか。また，なぜ暗算を行うと新近性効果が低下するのであろうか。この特性は次のように説明されている。

単語を一定の順序で覚える場合，個々の単語は感覚記憶を通じて短期記憶に一時的に保持される。そして，短期記憶の保持時間を超えると長期記憶へ移行する。1の場合，系列の初頭部に位置する単語は長期記憶情報となるが，系列の終末部に位置する単語はまだ短期記憶情報である。

情報の保持されるしくみがちがっても，それらは記憶情報として利用可能なため，再生率が高くなる。ただし，系列の中央部にある単語はまだ記憶情報として利用できない状態にあるため，再生率は低くなる。一方，暗算のような干渉課題を行うと，短期記憶にはその課題をこなすために新しい情報が取り込まれるため，それまで一時的に保持していた単語が失われてしまい，成績が低下する。

このことから，少なくとも記憶というしくみには短期的に情報を保持するしくみと，より長期的に情報を保持する2つのしくみのあることがわかる。

第4章　人間の空間行動 ── 空間は何を意味している？ ──

　私たちの生活は時間と空間によって支配されている。これらの束縛から逃れようと交通網が発達し，通信網が発達した。その結果，同じ空間の広がりであっても遠いと思うときもあれば，近いと思うときもある。

　しかしそうはいっても，日常の私たちの生活では，空間のもつ物理的な特徴によって多くのことが拘束されている。人間がその空間の特徴をどのようにとらえ，どのように働きかけているのかを探っていこう。

1　パーソナル・スケール
(1)　一目で見える大きさ

　私たちは距離によって全体を一望できる範囲が異なってくる。当然だが，見える詳細な部分も異なってくる（図4-1）。

- 肉眼で識別できないぐらいに小さなもの　　　微小サイズ，顕微鏡で拡大してみる　米粒に字を書く職人
- 肉眼で識別できる最小限度の大きさ　　　最小活字の大きさ　4ポイント　（ただし近視，遠視，老眼など視力によって異なる）
- 手の届く範囲の全体　　　新聞の全紙　41cm × 54.7cm　82cm
- 離れて見る全体
  - 20〜30m　一軒一軒よく識別できる
  - 30〜100m　建築として印象に残る
  - 100〜600m　建築のスカイラインとして見える
  - 600〜1,200m　建築群としてみえる
  - 1,200〜1,600m　都市景観としてみえる
  - 1,600m〜　都市景観としての限度
- 枠をはめて見る（とりあえず全体とする）
  - 四角い枠が多い
  - 丸い枠はあまり多くない
  - 三角の枠は少ない
- 縮小して見る

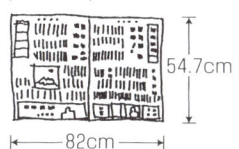

図4-1　一目で見える大きさ（戸沼，1978）

(2) 角度の判断

机の上の小さなスケールの角度と床の上の大きなスケールの角度の判断を比べると，小スケールの方はかなり正確に判断できるにもかかわらず，大スケールでは 90°以下の角度は 45°以外は過小評価される。

日常生活の経験では，ゆるいカーブが直線化されやすい。移動の先を見てその情報にしたがって歩行活動が行われるときには，直線の道であればはるか先が見えることになり，道の形が把握できる。移動行動も直線的である。しかし，実際に多いのは歩行中に道沿いの対象物に注意が向けられるために，視覚の情報が自分の向きを決定する手段として利用されない。その結果ゆるいカーブの移動の時には体の向きが極端に変わったという印象がないので，カーブが把握されるのはむずかしいことになる。

(3) 対人距離

パーソナル・スペースは人との距離で示されるが，ホールは『かくれた次元』(1970)のなかで，人間の空間利用のしかたをプロクセミックスとよび，そのなかでも対人距離を社会的なはたらきから分析し，次のように定義している。

①密接距離（0～45 cm）

やさしさ，慰め，愛情，激しい怒りなどの強い感情が表現され，伝達できる。

②個体距離（45 cm～1.3 m）

親しい友人や家族の間の会話の距離である。

③社会距離（1.3 m～3.75 m）

友人，知人，隣人，同僚などの間の日常会話の距離，または，商談のような相互作用が可能な限界である。

④公共距離（3.75 m～）

講義の距離などのように，一方通行の情報の流れの距離である。

これらの距離は，発声や聴覚活動にも影響を及ぼし，密接距離や個体距離でも近い場合では低い声やささやき，うちとけた文体で話ができるのに対して，社会距離になると，ある程度のしきたりにそった声になり，無頓着な談合の文体となる。これが公共距離になると大声で，形式的な文体となる，さらに遠くになると公的な演説口調になる。

ホールの分類からわかるように公共距離をもつ広い講義室での講義では，学生からの質問のような相互作用的な活動が期待できないことになる。この距離の壁を破って，相互作用の活動を起こすためには，教師が教壇から降りてその物理的距離を縮めるようなはたらきかけだけでなく，感覚距離を短めるはたらきかけも効果的である。たとえば，大声をはりあげなくても話が通じるマイクなどをすべての学生に持たせてはどうだろうか。

(4) パーソナル・スペース[*1]

パーソナル・スペースには決まった広がりがあるわけではない。パーソナ

---

*1 私たちは，自分の身体のまわりに，自分の一部として考えている空間をもっている。これをパーソナル・スペースという。

ル・スペースの広さは性差，年齢，親密度，態度，好意といった人間関係にかかわることや，パーソナリティの側面や，その人がいる空間の状況などによって変わってくる。

たとえば，実験的にパーソナル・スペースを測定する場合には接近法という測定方法がある。これは接近，被接近という2つの状況が設定されている。接近は動かない相手に対して人が接近していき，これ以上近づけないところで止まり，相手との距離をはかる。被接近では，人が動かずに止まっているところに，相手が接近してくる。これ以上接近して欲しくないところで，「止まれ」の合図を送り，その距離をはかる。一般的には，動かない相手に接近する方が，自分が動けずに接近されるよりも対人距離が短くなる。すなわち，自発的な行動によって決定できるときにはより近づくことができるといえる。

パーソナル・スペースの広がりは，前に広く，後ろや横は狭い楕円の形をしている。また，パーソナル・スペースの発達的変化をみると，対人距離は，2歳頃は20cmぐらいであるが20歳頃には45cmほどになり，年齢とともに増加する。しかし，40歳を越えると減少に向かう。

パーソナル・スペースの実験では視線と視線を合わせる場合，自由にする場合などさまざまな状況で行われている。一般的には，視線を合わせる場合の方が合わせない場合よりもパーソナル・スペースは狭い。たとえば，満員電車で体が押されるほどに他人に接していても，視線をそらす（チラシを見たり，新聞を読んだり）ことによって不快感をごまかしている。また，たとえば，一方がガラス張りのエレベーターは，単に景色が見えるというだけでなく，乗っている人々が外の空間に向かってパーソナル・スペースを広げていることになる。

ブレイク

どっちにいてほしい？

さて，親しい間柄であってもどちら側にいてほしいかが相手との関係で異なってくる。

次のような相手といっしょに歩くときには，どちら側にいてほしいか。

相 手	男子学生 右側	男子学生 左側	女子学生 右側	女子学生 左側
1. 恋 人	3	17	18	2
2. 仲のよい同性の友人	12	8	9	11
3. 仲のよい異性の友人	11	9	10	10
4. 目上の人	15	5	16	4
5. 部活の先輩	14	6	15	5
6. 部活の後輩	4	16	7	13

図 4-2　対人関係と位置（中村・島田調査，未発表）

あなたは友だちにどちら側にいてほしいだろうか？

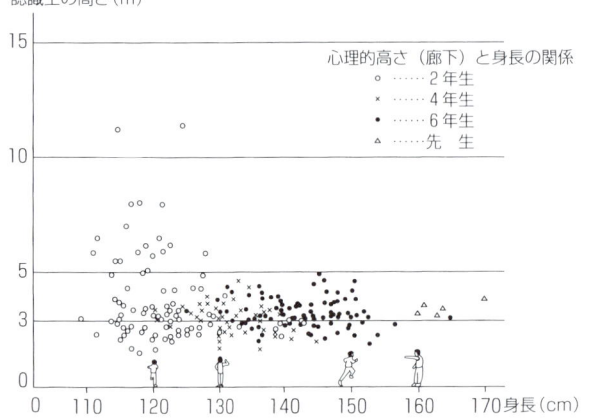

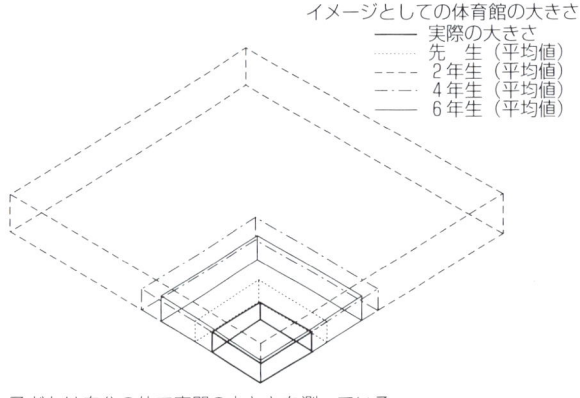

2 生活空間の認知

(1) 大人の認知・子どもの認知

子どもは距離を判断するときに，移動したからだの感覚を利用しているが，大人は視覚情報を利用しているといわれている。しかし，同じ視覚を利用しても，子どものころに感じた距離や大きさが大人になって小さく感じることがある。これは，建物の大きさなどを判断したときの比較の基準，すなわちからだの大きさが変わるためであろうといわれている（図 4-3）。

(2) 子どもの遊び場の認知

子どもたちが遊ぶ場所の自宅からの距離は平均 500 m 以内であることが報告されている。また，大きな道路や線路，川によって地域が分断されると，たとえ近くても遊びに行かない。また，これまで遊びに通っていても，自宅とその遊び場の間に新しく道路ができると，その遊び場が利用されなくなってしまう（子どものための街づくり研究会，1996）。「近く」であっても壁などの物理的な障害物によって区切られた空間は別の空間として認知されるために「遠い」空間となる。

仙田は，道スペースが遊び場として機能するために，車が少ないこと，幅が 3〜6 m ぐらいであること，人から"見られる"場所であることなどを示している。子どもにとっての隠れ家が，実際には多くの人がすぐ近くにいる場所（人から見えていないことを実感させる場所）であるように，子どもにとって"見られる"場所が，遊び場としてとても重要なのである。

また，子どもたちが，外へと遊びに出るためには，時間的には徒歩で 1 分以内のところに子どもたちの行動を遊びへと誘致する場が必要であることを示している。そのことを考えると，道スペースが遊び場としてはたらくことは，子どもたちを遊びへと誘致する有効な手段となりうるのである。道路では遊んではいけない現在の都市の状況では，たとえ多くの公園が整備されていても，そこまでの誘発因が少なく，子どもたちに利用されにくい。

子どもは自分の体で空間の大きさを測っている。
小学校 2 年生，4 年生，6 年生を対象にして高さや広さをどんなようにとらえているかを実験してみると低学年ほど空間を大きなものに思っている。6 年生になるといい線を言い当てる。
1　高さ―心理的高さ（廊下）（小学校）
2　容積―イメージとしての体育館の大きさ（小学校）

図 4-3　心理的大きさ（戸沼，1978）

---

*2　子どもたちの遊び場について仙田（1984）は道具・オープン・アナーキー・アジト・自然・道スペースをあげている。子どもたちがどこで遊んでいるかという「子どものための街づくり研究会」の調査でも，第 1 位は友だちの家，第 2 位は自分の家，第 3 位は自宅前の道路，そして第 4 位以降に公園や学校の利用である。

(3) 住民の空間認知と社会参加

人々の地域での社会活動を誘発することについて，ゲール（1987）は空間の形態が社会関係を推進するわけではないが，空間の状況により住民の活動パターンを誘導することができる，として社会活動をアフォードする空間があることを提唱している。ゲールは図 4-4 に示すように，建築家と計画家が住民のふれあいを促進したり，抑制する特徴として，壁の存在，距離，移動の速さ，高さの違い，関係性の 5 つをあげている。

(4) 既存知識と空間認知

はじめておとずれた都市で移動するときにはどのようにするであろうか。ほとんどの人は，地図やガイドブックを仕入れて方向や距離感をあらかじめ獲得しておくことが多いかもしれない。

地図などの外的な手がかりがないときには，すでにもっている空間についての知識が新しい空間の把握の際に利用されることがある。たとえば，長い間，京都の条里制のもとで過ごした人が，鹿児島に移った時に，しばらくの間道が平行であるという先入観によって道を誤ることがしばしばあったという。また，地名についた東西南北が方向の手がかりとして利用されることがあることは古

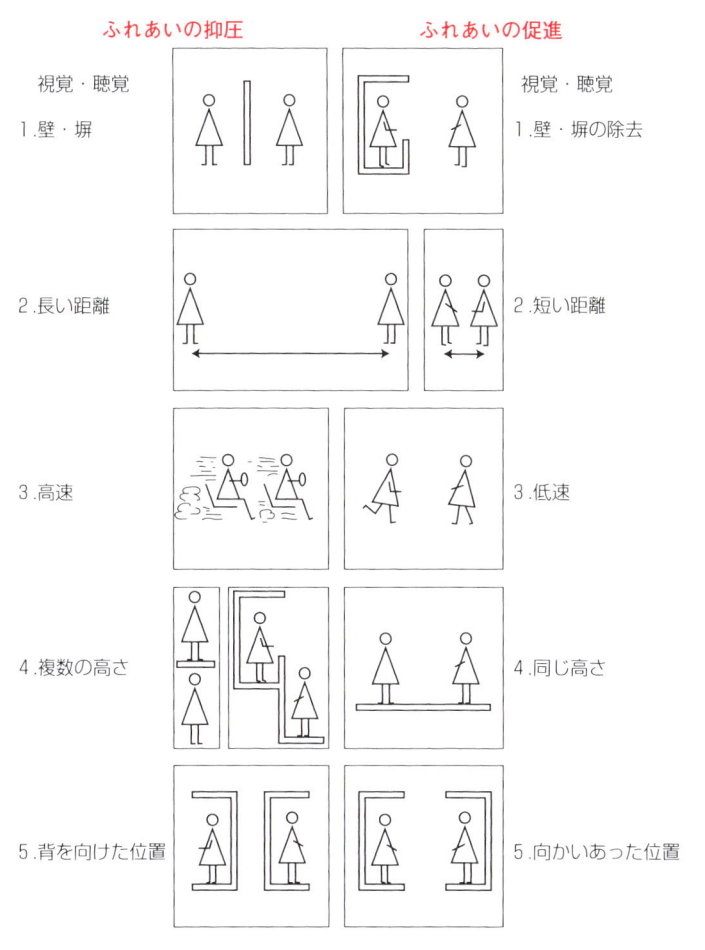

図 4-4 感覚とコミュニケーション（ゲール，1987，北原訳，1990）

図 4-5 は海を表わしている

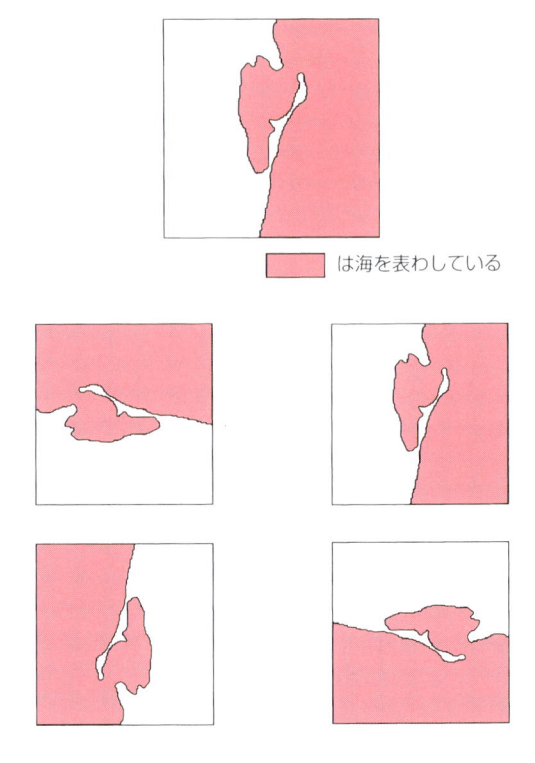

図 4-5　地図方向の偏向性（中村，1998）

くからいわれている。東西南北のような方向感覚を正確に用いることは困難であるために，いったん，把握された地形の手がかりがその手助けをすることもある。また，そのために新しい土地での方向を判断するときに，育った地域の特徴が反映されることが時として生じる。熊本で育った知人（東に山，西に海）は，就職後に大分（東に海，西に山）に住むようになって，山側に日が沈むのが変な感じだ，と述べていた。

　図 4-5 のような地図方向の好みの調査がある。この実験の福岡在住の学生の結果は，海が上にあるほうをより好む人が多く，また，岡山の学生は，出身が岡山か四国側かで結果が異なっていた。岡山出身の学生は海が下にあるほうを好み，四国出身の学生は海が上にあるほうを好んだり，下にあるほうを好むという二分された結果になった。あなたは，どの方向が好ましいと思うだろうか？それはなぜだろうか？

3　空間内での行動
(1) うっかりミスのメカニズム
　ヒューマンエラーを人間の情報処理のプロセスの観点から，ノーマン（1990）はスリップとミステイクに分類している。[*3]

---

*3　スリップは適切な目標は形成したが実行する過程で失敗するエラー。ミステイクは思い違い，判断ミスのように目標自体を状況の誤解などから誤ってしまうエラー。

スリップはうっかりとミスするエラーであり，知識としては知っているにもかかわらずなんらかの要因でエラーが生じる時もある。たとえば操作しようとしている機械の本当の構造を勘ちがいしてとらえられたり，操作と機械に整合性がなく使いにくかったりするとエラーが生じる。これらは，一般に行動の実行者側のエラーとして考えられているが，その機械などの構造を考えたデザイナーがデザインに可視性，良い概念モデル，良い対応づけ，フィードバックの4つを考えていることによって防げる場合も多い（ノーマン，1990）。

可視性とは，目で見ることによって，ユーザは装置の状態とそこでどんな行為をとりうるかを知ることができることである。良い概念モデルとはデザイナーはユーザにとっての良い概念モデルを提供すること。そのモデルは操作とその結果の表現に整合性があり，一貫性かつ整合的なシステムイメージを生むものでなくてはならない（図4-6）。

また，良い対応づけとは，行為と結果，操作とその結果，システムの状態と目に見えるものの間の対応関係を確定することができること，フィードバックとは，ユーザが，行為の結果に関する完全なフィードバックを常に

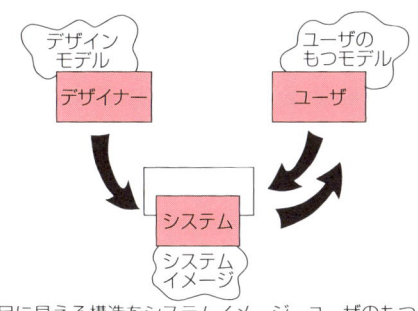

目に見える構造をシステムイメージ，ユーザのもつイメージはシステムとインタラクションを行うことによって形成されるモデル

図4-6　いくつかの概念モデル（ノーマン，1988, 野島訳，1990）

ブレイク

携帯電話の空間への割り込み

　2人または数人のグループの間での会話が弾むなかで，突然に携帯電話が鳴る，または，突然びっくりしたように動きだして，バックの中やポケットの中から携帯電話を取り出す。

　このような携帯電話の不意の介入により，会話が中断されるという光景をよく見かけるようになった。この時，周囲の人はどのような行動をとるだろうか？　しつけの良い環境で育った私たちは，一様に口を閉じ，邪魔をしないようにする。特別に聞き耳を立てているわけではないが，相手が携帯を通じて電話の向こうの相手に話をしているのをじっと聞いている。または，聞かないようにしている。

　携帯電話で話をしている状態は，一種の奇妙なコミュニケーション状態である。いわば，形式的には独り言と同じ状態であるのに，相手がいるという認識があるゆえに，独り言としては認識されていない。しかし，見えない相手を想定していることになる。携帯で話している言葉の端々から電話の相手の返事を想像していることもしばしばである。

　電話をかけている当人も周囲の人の気持ちを察して，たいていの場合には，「〇〇さんから，ーーーという電話だった」というように話している場面を見ることも多い。

　つまるところ，このような場面での携帯電話による不愉快さは，会話の中断を強いられたことに対するものばかりではなく，会話の相手をそこにイメージして，現実空間の横にイメージ空間を存在させなければならないことによる負担を強いられることであろう。話をしている当人もイメージ空間へと注意を向けているが，周囲の人は現実空間とイメージ空間の両方を見つめていることになるのではないだろうか。

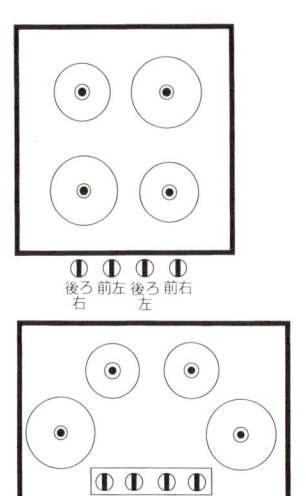

バーナーはごく普通に四角形に配置されている。適当にならべられたつまみをバーナーに対応させようとしたら，とたんに面倒なことになる。どのつまみがどのバーナーに対応しているんだ？ つまみにラベルが張られていなければわかるわけがない。この配置の場合，覚えなければならないことは多い。可能な組合せは24通りあり，どれがどれであるかを覚えておかなくてはならないからだ。

下図のようにすればあいまいさはなく，学習したり覚え込んだりする必要もないしラベルもいらない。

図 4-7　コンロのつまみのでたらめな配置・つまみとバーナーの間の完全で自然な対応づけ（ノーマン，1988，野島訳，1990—一部修正）

受け取ることができることである。

(2) 方向性のミス

はじめての都市に行ったときに，駅にある地図を見て場所の位置を確かめても，駅を出た途端，見た地図と風景の方向が一致しなくて困ったことはないだろうか。私たちは，前の方向を上にした内的な地図を形成する。[*4]

たとえば，図4-7のようなガスコンロの例もその典型である。私たちがコンロを見てつくった内的な地図とスイッチの配列方向が一致していれば簡単に対応づけができる。

(3) シンメトリー空間のメリット・デメリット

建築物のなかには，建築の効率上や外見上の美しさなどから，シンメトリー構造がある。シンメトリー空間の一方のみを利用する人にとっては，シンメトリーであることが空間内での行動には影響を及ぼさない。しかしながら，シンメトリー構造の部屋を同一人物が使用する場合には，どのような弊害が生じるであろうか。中村（1998）は，シンメトリーであるということを伝えているにもかかわらず，各々の対象物の場所を指で指すように求められた人のなかに，明らかに同じ方向をさし示すという誤動作を報告している。

(4) 着 席 行 動

2人で食事に出かけたときには，どのような座席を選ぶであろうか。クック（Cook, 1970，瀬谷訳，1977）はさまざまな事態での2人の着席行動について大学生，一般人を対象に調べている（図4-8）。

レストランでの座席の位置関係は，同性の友人，異性の学友，親しい友人にかかわらず向かいあう位置がもっとも多く選択されている。しかし，90°の位置関係や隣りあわせの位置を選択する人数もいる。会話のときには90°（直

[*4] 地図を利用する時には，自分の向いている方向へと地図の向きを合わせるような行為（アライメント効果）がしばしば生じる。

対象者		×▢	▢×	××▢▢×	×▢×	▢×	▢×	計
会話のとき	US（学生）	42	46	11	0	1	0	100
	UK（学生）	51	21	15	0	6	7	100
	UK（一般）	42	42	9	2	5	0	100
協力作業のとき	US	19	25	51	0	5	0	100
	UK	11	11	23	20	22	13	100
	UK	40	2	50	5	2	0	100
競争事態のとき	US	7	41	8	18	20	5	100
	UK	7	10	10	50	16	7	100
	UK	4	13	3	53	20	7	100
高いモチベーション(+)ボーイ(ガール)フレンドと一緒に坐るとき		32	8	65	4	0		

×印は2人の坐る位置を示す。USはアメリカ，UKはイギリス。

図4-8 社会的関係と座席の位置（％）（クック，1970，瀬谷訳，1977一部修正）

角）の位置関係や向かいあう位置関係を選択する割合が高い。

カウンセリング場面などにおいて会話をもっともひきだせる位置関係は90°であるといわれている。協力作業のときには，隣りあわせの位置が多く選択されている。また，競争事態では向かいあう関係が多く選択されている。

(5) 知識を階層化することによる判断の歪み

さまざまな2地点間の距離や方向を，その各地点がふくまれている地域を比較して判断するときに，生じる歪みである（演習参照）。

【Further reading】

屋外空間の生活とデザイン J. ゲール 北原理雄訳 1990 鹿島出版会
　コミュニティの計画と建築は何をめざすべきかについて，「建物の間のアクティビティ」の観点から検討した内容である。

かくれた次元 E. T. ホール 日高敏高・佐藤信行訳 1970 みすず書房
　人間間の距離や行動にどのような意味があるかについて，文化人類学的に検討した内容である。

こどものあそび環境 仙田 満 1984 筑摩書房
　児童の遊びや児童の行動形態を児童公園の建設の観点も加え，くわしく研究した内容である。

人間尺度論 戸沼幸市 1978 彰国社
　人間の感覚から生じたさまざまな尺度を解説するとともに，その意味や人間社会での環境とのかかわりを示唆している。

誰のためのデザイン？——認知科学者のデザイン原論—— D. A. ノーマン 野島久雄訳 1990 認知科学選書 新曜社
　人間をとりまく機械や対象が人間行動をよりよく導くために，どのようなことが必要とされるかを認知心理学的観点から検討した内容である。

演習

課題　階層化されている空間の知識

問1．カナダのトロントとアメリカ合衆国のシアトルは，どちらの方が北に位置しているだろうか？

問2．パナマ運河の太平洋側の都市パナマとカリブ海側の都市コロンは，どちらが東に位置しているだろうか？

問3．日本の大阪とアフリカ北部のアルジェリアの首都アルジェとでは，どちらの方が北に位置しているだろうか？

　設問に示した2つの都市の位置関係をはっきりと覚えていないときには，この2都市の空間関係を判断するのに，直接比較を行うことができない。

　問1のトロントやシアトルの場合には，トロントが含まれているカナダとシアトルが含まれているアメリカ合衆国を比較することによって推理を働かせることになる。その結果，カナダの方が北に位置しているので，トロントがシアトルよりも北にあると思う。しかしながら，答えは逆で，シアトルの方が北にある。

　問2の場合にも，太平洋とカリブ海側を比較すると大陸を挟んで西側に太平洋，東側にカリブ海があるので，コロンの方が東あると結論づけたくなる。しかしながらこの場合にも，逆である。パナマ運河は，ちょうど太平洋とカリブ海が微妙に入り組んだところにできている。

　問3のようにちょっと遠いところの比較であれば，大阪とアルジェを直接比較するのはむずかしいので，日本列島とアフリカ大陸を比較してみると，日本列島は北半球の中緯度よりやや南寄りに位置している。これに対して，アフリカ大陸についての私たちの印象は，赤道を中心として広がった大陸であったとする。そこで，アルジェの包含概念であるアフリカ大陸と，大阪の包含概念である日本列島を比較すると，日本の方がより北に位置していることになる。その結果，大阪の方が北となる。しかし，やはり答えは逆で，大阪の方が南に位置している。アフリカ大陸に日本と同緯度に位置する場所があるというのは，すこし驚くかもしれない。

　このように，空間関係の知識もまた，他のさまざまな事例と同じように，カテゴリーにまとめられて階層化された知識構造をもっていると考えられている。さて，次の問題をやってみて，どうしてそういう結論を導きだしたかを考えてみよう。

「大分市と高知市では，どちらが南に位置しているだろうか？」

「東京23区と秋田市では，どちらが東に位置しているだろうか？」

第5章 自分らしさのなりたち──"私って何者？"──

　血液型で話が盛りあがることがある。皆さんも，友だちとの会話で話題になったことはないだろうか。たとえば，「あなたの行動を見てると，とてもA型とは思えない。少し変わってるところがあるから，てっきりB型と思っていた」などというものである。この会話はいわゆるパーソナリティを，血液型の4種類で分類しようとしている。実は，心理学の領域では，血液型による分類方法は市民権を得るほどには至ってはいないが，パーソナリティの分類についての研究や理論はかなりの蓄積がある。ここではそれらのうち，有名なものをいくつか紹介する。

1　パーソナリティとは

　「パーソナリティ（personality）」の語源は，劇場で使われた「仮面（ペルソナ，persona）」というラテン語であり，「仮面」の意味から転じて，それぞれの個人特有の行動や感じ方，考え方など，その人らしさを表すものを意味している。

　パーソナリティの定義はきわめて多いが，オルポート（1937）の「パーソナリティとは，個人の内部にある，精神身体的体系の力動的機構であって，環境に対する独自の適応を決定するもの」という定義が有名である。

2　パーソナリティの分類

　パーソナリティの分類方法には大きく，類型論と特性論の2つがある。

(1)　類　型　論

　人は皆，1人1人異なったパーソナリティをもってるが，異なっているとはいえ，似かよっている点も少なくない。その似かよった点をもとにパーソナリティを分類する試みがいろいろとなされてきている。それを，パーソナリティにはいくつかの類型がある，という意味で類型論という。類型論によるパーソナリティの分類はいくつもあるが，ここでは，有名なものとして，シュプランガー，ユング，クレッチマーの3人の研究者による分類を紹介する。

　シュプランガーは，個人が価値をどこにおくかによって，理論型，審美型，経済型，社会型，政治型，宗教型の6つに分類した。たとえば，理論型の人は知識を秩序だて体系化することに価値をおくのに対し，審美型の人は人生の美的側面の発見に価値をおく，などと分類するのである。つまり，個人が重視する価値により，その人の人生が方向づけられる，とシュプランガーは考えたのである。

　ユングは，人の「基本的態度」をその人の心的エネルギーがどの方向を向いているかによって，大きく外向型と内向型に分けた。外向型の人は感情の表出

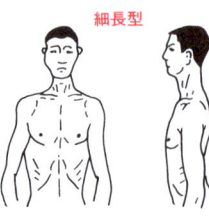

細長型	闘士型	肥満型
分裂気質。内気, 控えめで非社交的だが, 神経質で感じやすい敏感な面と無関心な面という相反する面をもち合わせる。	粘着気質。几帳面で1つのことに熱中するが, 頑固に自己主張し, 融通が利かないため, 時に爆発する。	循環気質。社交的で温厚な人であるが, 明朗で活発な時と寡黙で陰鬱な時（つまり, 躁状態と鬱状態）がある。

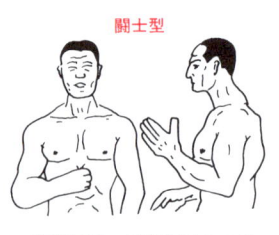

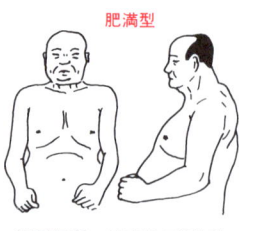

図 5-1 クレッチマーによる 3 体型（クレッチマー, 1924）

が外に向きやすく, 外界の出来事や人とのかかわりにエネルギーが向くため, 結果として, 対人関係が広く, 順応性が高く, 行動の決断力も高いが, 思慮に欠ける面がある。それに対し, 内向型の人は自分の内的世界へエネルギーが向き, 内省が豊かで思慮深いが, 感情表出や行動力に欠け, 非社交的で1人でいることを好む傾向がある。さらにユングは, その人の優れた「心理的機能」が次の4つのうち, どの領域にあるのか, という点で分類した。思考, 感情, 感覚, 直感という心理的機能である。その結果, ユングによるパーソナリティ類型は, 2つの基本的態度と4つの心理的機能をかけあわせて全部で8つに分かれることになる。たとえば, 基本的態度が内向的で思考機能が優れている人の場合のパーソナリティは非実践的であるものの, 冷静沈着に自分を見つめることができるのに対し, 外向的で思考機能が優れた人のパーソナリティは事態を客観的に判断し, 行動することができる, ということになる。

クレッチマーは精神科医としての臨床経験から, 人を分裂気質, 循環気質, 粘着気質の3つの気質に分類し, それぞれ特有の体格と関連があることを見いだした（図 5-1）。

(2) 特　性　論

パーソナリティをいくつかの類型に分類するのが類型論であったのに対し, 特性論はパーソナリティを構成するさまざまな要素のうち, ある個人がどの要素をどの程度もっているかによって, 人それぞれのパーソナリティの違いがあると考えるものである。パーソナリティを構成する要素のことを特性(trait)といい, 因子分析という研究方法によってたくさんの特性が抽出されている。実際には心理テストなどにより, それぞれの特性がどの程度なのか個人個人に対し, 測定され, それぞれの特性の得点の組み合わせをもって, その人のパーソナリティと考えるのである。したがって, 特性論は類型論のような質的な違いを分類するのではなく, それぞれの個々人間でのさまざまな特性の量的な差を考えるものである。

3　パーソナリティ検査／心理テスト

パーソナリティを知るためによく用いられるのが心理テストである。心理テ

ストには質問紙法，作業検査法，投影法の3種類がある（表5-1）。

(1) 質問紙法

これは「私は〜である」とか「あなたは〜ですか」などの文章がたくさんあって，それぞれに対して「はい」とか「いいえ」，あるいは「どちらでもない」などと答えていく方式のテストである。結果の分類のしかたには，類型論的に分類するテストもあるし，特性論的に各特性の得点を出すものもある。質問紙法は採点が容易で，多人数に対して同時に実施できるなどの長所があるが，回答者の考え方によって回答のしかたに影響が出る，という問題点もある。

表 5-1 性格検査の種類（藤本他，1993）

検査の形態	主 な 検 査 名
質問紙法	矢田部-ギルフォード性格検査（Y-G） ミネソタ多面人格目録（MMPI）　顕在性不安検査（MAS） カリフォルニア人格検査（CPI）　モーズレイ性格検査（MPI） エドワーズ個人的傾向目録（EPPS）　16PF人格検査 CAS性格検査　向性検査（田研式，淡路式） エゴグラム（杉田版ECL，石川版エゴグラム，TEG）
作業検査法	内田-クレペリン精神作業検査 ブルドン末梢検査 ベンダーゲシュタルト検査（BGT） 視覚記名検査 ダウニー意志気質検査
投影法	ロールシャッハ・テスト　主題統覚検査（TAT，CAT） 絵画欲求不満検査（P-Fスタデイ）　文章完成法検査（SCT） HTPテスト　バウムテスト　人物画テスト カーン・シンボルテスト（KTSA）　IMQ 絵画物語検査（MAPS）　ゾンディ・テスト

(2) 作業検査法

人の作業のしかたや，作業のでき具合のなかに，その人らしさが現れることがある。作業検査法はその理屈を応用している。つまり，実際にある作業（といっても，机の上で鉛筆を使った作業であるが）をさせ，その作業のしかたやでき具合からその人のパーソナリティのある面を判定する方法である。*1

(3) 投 影 法

これは，あいまいな素材にどう反応するか，を分析することによりパーソナ

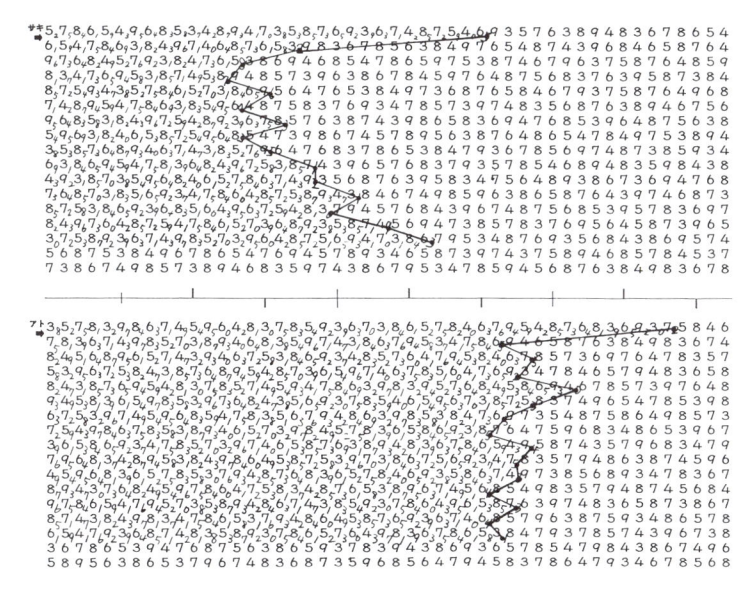

図 5-2　内田・クレペリン精神作業検査

---

*1　たとえば内田・クレペリンという検査（図5-2）では，1桁の数字が横並びになっているものを，左から順に2個ずつ加算していくという単純な作業をしていく。途中に休憩などもはいるが，ふつうは作業のはじめの頃において作業量が多く，次第に疲れが出て作業量が減ってくる。そして，休憩直後は休憩による疲労回復の効果によってまた作業効率が非常によくなるものである。ところが，作業に対する緊張感がもてなかったり，休憩がうまくとれずに休憩効果のでない人がいたりする。それは，その人が必要なときに緊張したり，休憩したりという精神機能がうまくはたらかない，ということを表している。

リティを調べようとする方法である。たとえば，雲を見てもらうことにしよう。雲は何にでも見ることができるあいまいな素材である。Aさんはそれが動物の顔のように見え，Bさんはそれがお饅頭に見えるかもしれない。ではAさんはなぜ，ほかでもない動物の顔を見るのであろうか？　それは，その「動物の顔」という反応に，Aさんのパーソナリティが映し出されているからである。「ではなぜ，動物の顔が見えたの？」とAさん本人に聞いてみても，ただ，そう見えただけであり，なぜかは答えられないであろう。ということは，この反応に映しだされているパーソナリティというのは，本人の意識を超えた，深い無意識の部分であるということである。投影法が質問紙法と異なる点の1つはそこにある。そして，深い無意識の部分は「はい」「いいえ」で答えられるようなものではないからこそ，あいまいな素材への反応を通してそこに投映されたパーソナリティの深い部分を探ろうとするのである。それだけに，分析できるようになるためには相当の訓練を必要とする。

　実際のテストとしては，インクのしみによるあいまいな図版が何に見えるかを答えるロールシャッハテスト（図5-3），人間が登場する場面が描かれた図版を見て物語をつくる TAT（Thematic Apperception Test：主題統覚検査，図5-4），実のなる木を描くバウムテスト（64ページ参照）などがある。

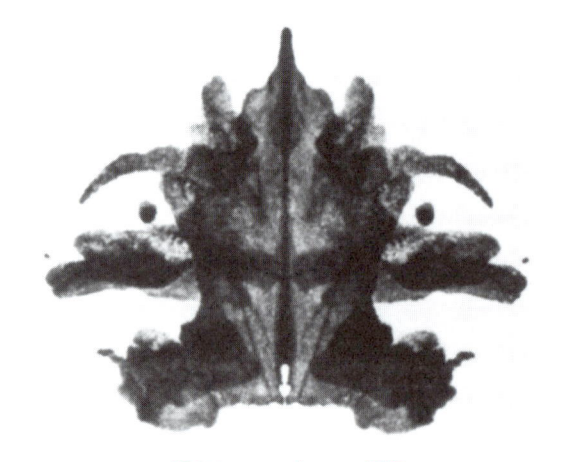

図 5-3　ロールシャッハ図版

図 5-4　TAT 図版

4　その人らしさのなりたち

　そもそも人が異なった個性をもち，異なった行動をするようになるのはなぜか。人の発達は遺伝により先天的に決められているのだろうか？　それとも生後の環境により後天的に決まっていくのだろうか？

　遺伝あるいは環境のいずれかの単一要因説が盛んであった時に，シュテルンは，発達は両者の加算によるとする「輻輳説（Konvergenztheorie）」を唱えた。また，遺伝と環境の影響の程度は特性によって異なるとする「環境閾値説」という考えをジェンセンは発表した。つまり，身長のように環境が整っていなくても遺伝傾向が発現するものと，絶対音感などのように環境条件が良好でないと発現しないものがあるという（図5-5）。今日では，遺伝と環境は独

立したものではなく，それらは相乗的に作用しダイナミックな関係があるという「遺伝×環境」の相互作用説が唱えられている。

また，人間の一生の変化過程をいくつかの質的・量的な差異によって区分したものを発達段階という。発達基準には身体発達・精神機能・精神構造の変化・社会的習慣などがあるが，発達段階のさまざまな区分については，表5-2に示す。

パーソナリティはどのようにできあがってくるのか，それについてもいろいろな理論があるが，ここではフロイトによる性発達理論，エリクソンによるライフサイクルの発達論，ロジャーズの自己理論を紹介する。

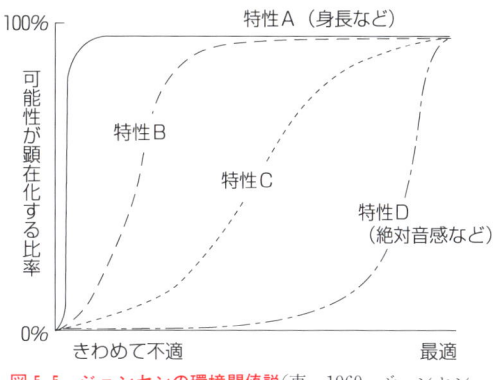

図5-5 ジェンセンの環境閾値説（東，1969，ジェンセン，1968；1969）

(1) フロイトの性発達理論

乳児がお乳を吸うのは栄養摂取のためであるが，乳児をよく観察すると，お

ブレイク

言葉の花束

5人から8人の友だちのグループをつくります。そして，それぞれの友だちに対し，言葉による花束を贈ってみましょう。具体的には小さな紙を用意し，それに友だち1人1人についてのほめ言葉を書いていき，全員が書き終えたら，その場でお互いに用紙を交換しましょう。あなたは人からのほめ言葉をもらってどんな気がするでしょう？　この作業はつまり，あなたのパーソナリティについてあなたが気づいていない面を友だちに教えてもらうものです。

この応用としては，それぞれの友だちに似合う家庭，職業，あるいは似合う今後の人生がどのようなものか，を用紙に書いてプレゼントする方法もあります。この応用演習は，プレゼントされた人がプレゼントされた家庭や人生のイメージによって自己概念を豊かにするのにも役立ちますし，プレゼントする側としては，その人に固有の家庭や人生をイメージすることを要求されるので，どのくらい想像力や人生観が豊かかが問われます。

腹がいっぱいになっても乳房を欲しがったり，お乳を口に含んで満足そうにしているのがわかる。つまり，食欲とは異なる欲求を満たそうとする本能をもっているのである。フロイトはこれを性的本能—リビドーとよんだ（ここでいう「性的」とは，人が快感を得ること，という広い意味である）。具体的には，幼児期における身体の快感部位が口から肛門，性器へと発達していく際の，その快感の満足や不満足の体験のしかたが，後のパーソナリティ形成を方向づけるとフロイトは考えたのである。

1）口唇期　はじめのお乳を吸う時期は口の活動が活発になるので「口唇期」（生後1歳半まで）とよび，母親（にあたる人）に抱かれ，お乳を吸うという体験から甘え，依存心，信頼感などが形成されるが，この時期にそのような体験が十分でないと，成人しても他人に過剰に依存したり，空虚感や寂しさから抜け出せなかったり，食行動異常に陥ったりする。

2）肛 門 期　次の2, 3歳までの期間は肛門括約筋が発達し，大便をためて排出する快感が生じるので「肛門期」とよぶ。同時に排泄のしつけ（トイレ

表 5-2　発達段階の区分（利島，1975を改変）

人名＼年齢	身体的発達による区分
シュトラッツ（身長・体重の伸び）	乳児期／第1充実期／第1伸長期／(男)第2充実期・(女)第2充実期／第2伸長期／第3充実期／成熟期

特定の精神機能による区分	
阪本一郎（読書興味の発達）	絵話期／昔話期／童話期／物語期／文学期／思想期
リュッケ（描画の発達）	錯画期／象徴画期／図式画期／写実画期
ピアジェ（思考の発達）	感覚運動期／前操作期／具体的操作期／形式的操作期
ハーロック（友人関係の発達）	無関心段階／生活的友人関係段階／徒党時代／意志的友人関係／人格的友人関係段階

精神構造の変化による区分	
ビューラー（自我の主客発達）	第1客観化／第1主観化(反抗期)／第2客観化／第2主観化／第2反抗期／第3客観化(世界観追求)
牛島義友（ビューラーの改訂）	身辺生活時代／想像生活時代／知識生活時代／精神生活時代／社会生活時代
シュテルン（人格の発達）	未分化統一期／分化不統一期／分化統一期
フロイト（人格の発達）	口唇期／肛門期／男根期／潜伏期／性器期
エリクソン（葛藤解決の発達）	信頼・不信／自律・疑惑／積極性・罪悪感／勤勉性・劣等感／同一性・同一性拡散／親密性・孤立／生殖性・停滞／統合性・絶望
クロー	幼児期／第一反抗期／児童期／第2反抗期／成熟期

社会的慣習による区分	
学校制度	保育所・幼稚園／小学校／中学校／高校／大学
一般的区分	乳児期／幼児前期／幼児後期／児童期／青年期／成人期／壮年期／老人期

ットトレーニング）も受ける時期なので，きちんと排泄しなければならない，という感覚が，後になって几帳面，倹約，頑固などの性格へとつながることがある。また，何度確認しても気がすまないなどの強迫的な症状と結びつくこともある。

3）男根期　肛門期以後，5，6歳までに子どもは男の子か女の子かという性の区別に目覚めるようになる。つまり，おちんちんが有るかないかを意識するのである。これを「男根期」という。男児は母親への独占欲が強まり，そのライバルである父親を憎むようになる。ギリシャ悲劇のエディプス王に関して同様の物語があるので，この時期はエディプス期ともよばれている。父親に攻撃を向けようとしても懲罰の不安（去勢不安）が強いため，父親への敵意も母親への愛情をも放棄し，抑圧してしまう（エディプス・コンプレックス）。そして，父親と同一化し，男らしさを身につけるようになる。女児の場合には男児と逆のかたちで母親への同一化が起こり，女らしさを身につけてくる。男根期の体験のしかたにより，男らしさ，女らしさの発達具合に影響がでる。

4）性器期　男根期の後は，リビドーにまつわる激しい感情の波が一時的におさまる「潜伏期」があり，その後12歳前後から，身体，特に生殖器の機能が成熟するにつれて，リビドーは男女の異性愛の完成をめざして再び活発になる。男女ともに，男根期に抑圧した異性の親への愛情を，その代理となる異性へ向けるようになる。これを「性器期」という。

(2) エリクソンのライフサイクルの理論

エリクソンはフロイトの考えを拡げ，生まれてから死ぬまでを8つの段階に分け，それぞれの段階における生活・社会的な面からみた自我の発達を示した（表5-2参照）。彼によると，自我はそれぞれの発達段階において克服すべき課題と危機的状況があり，それが一生続くプロセスを示したのがライフサイクルの理論である。

彼はそのなかでも，青年期における自我同一性（アイデンティティ）の形成という課題を重要視した。

青年期には「自分とは何か」という，つまり自我同一性を明確にさせられるさまざまな場面がおとずれる。たとえば，職業選択の場合，それまで学生であった自分が何の仕事をして今後生きていくのかを決めなければならない。そのためには自分が何の仕事に向いているのかを決めなければならない。また，1つの仕事を選ぶためにはその他の仕事は諦めなければならない。あれもこれもといつまでも迷っていては職業人にはなれず，浪人のようになってしまう。つまり，自我同一性が1つにまとまらず拡散してしまうのである。このように青年期には自我同一性が確立するか，さもなくば自我同一性が拡散するか，という危機がある。

(3) ロジャーズの自己理論

ロジャーズは，類型論や特性論のような外側からではなく，その個人が自分自身をどう知覚しているか，という内側からの見方（自己概念）こそが，個人を規定するもっとも重要な要因と考え，この内的な知覚の世界（現象学的世

界）の理解を重視した。彼は自己概念を，その人自身の直接の経験と，親などの他者からの評価の両方から形成されるとした。そして，人はこのように形成された自分の自己概念に矛盾しないように行動しようとするのである。

ところが，経験することのなかには自己概念と矛盾するものもある。このとき，自己概念はその経験を自分の経験として認めないか，歪めて知覚する。心理的不適応とは潜在的には重要な意味をもつ経験が，自己概念のなかに適切にとりいれられないときに生ずるのである。

たとえば，「自分は目立ちたくない性格だ」という自己概念をもったAさんが，目立つ行動をする友だちのBさんを見たときに，何かもやもやとした不愉快な気分がした。なぜなら，経験のレベルでは，Aさんは「目立つ生き方」を志向していたからである。つまり，経験と自己概念が矛盾していたのである。

ブレイク

夢分析

夢はしばしば非現実的であり，ばかばかしい話であったりする。夢を無意識を探る重要な手がかりと考えたのはフロイトであった。しかし，フロイトは精神分析の方法として自由連想法を行うようになった。その点，ユング派の分析においては，現在でも夢はその中核をなす重要なものである。

夢の中に現れる重要なテーマは，その夢を見た人だけでなく，人類にとって共通したテーマであることが多い。これを元型（アーキタイプ）といい，グレートマザー，グレートファザー，死と再生などがある。夢からどのように意味をすくいあげるか，ユングは夢についての連想や主題の解明などによってその意味を豊かにしていくことを夢分析における拡充法として重要視している。

また，ジェンドリンは身体に感じられる漠然とした感じ（フェルトセンス）を夢分析にも適用し，夢の意味を探る手続きを示している（ジェンドリン，1988）。

【Further reading】

現代精神分析の基礎理論　小此木啓吾　1985　弘文堂
　　フロイトのリビドー発達やエリクソンのライフサイクル理論はもちろんのこと，その他の精神分析学における発達，性格形成，治療技法などがわかりやすく説明してある。

ロジャーズ選集（上・下）　カーシェンバウム・ヘンダーソン（編）　伊東　博・村山正治（監訳）　2001　誠信書房
　　20世紀の臨床心理学の巨人，ロジャーズの代表的な論文が網羅されている。またロジャーズという個人が自己実現する発達過程をも考えさせられる。

ユング心理学入門　河合隼雄　1967　培風館
　　「入門」とあるが，ユング心理学の奥深さを実感させてくれる素晴らしい本。タイプ論についても書いてある。1967年という古さをいささかも感じないのもすごい。

パッケージ・性格の心理　詫摩武俊　全6巻　ブレーン出版
　　性格の理論についてわかりやすく書いてある。そのうち第6巻は性格検査について説明がある。

演 習

今まで知らなかった自分自身に少しずつ気づいていくための演習を行ってみよう。

課題1　ライフライン

あなたの今までの生きてきた歴史を書きこんでいきましょう。具体的には次のようにします。まず，横に一本の線を引きます。線の上にあなたのことを，線の下に家族のことを書いていきます。左端の上にあなたが生まれたときを示す「誕生」と書き，右端が現在なので右端の上に「現在」と書きます。その間に「小学校入学」「親友の誰々に初めて出会う」などの節目となる出来事と年齢を線の上に書いていきます。線の下には家族の出来事，たとえば「弟が生まれる」「母が入院する」などを書いていきます。

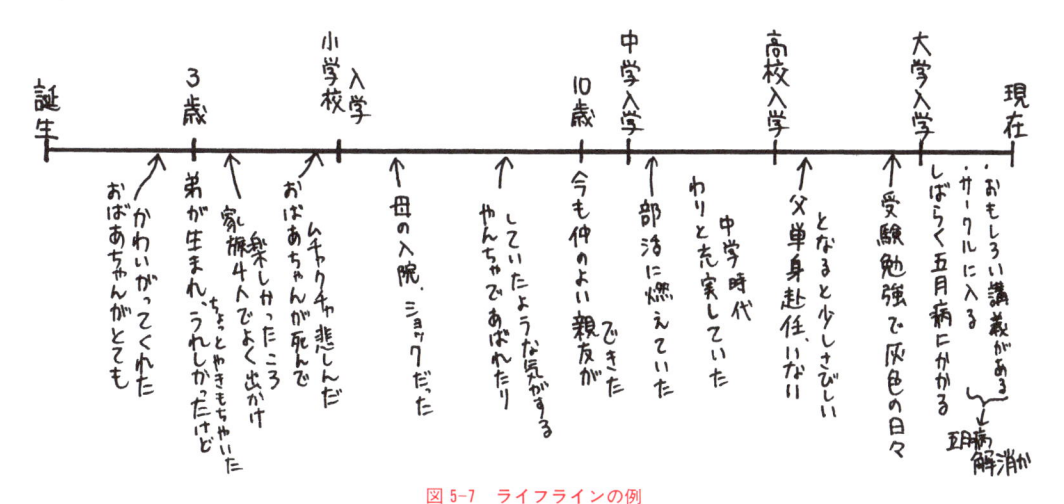

図5-7　ライフラインの例

そして，その節目と節目の出来事の間の部分はどのような生き方をしていたか，その気分を思い出すのです。家族の出来事との関連とか，思い出して結びつけていくと，ライフラインのなかにさらに書きこむべき大きな出来事があったことが思い出されたりするでしょうし，逆にどうしても思い出せない部分もあるでしょう。思い出せないということは，それなりに重要な意味があるのです。なぜ思い出せないか，いろいろと想像をめぐらしてみましょう。

また，グループをつくって，お互いに見せあい，受けた印象を語りあいましょう。さらにこの課題の応用として，今後の人生のライフラインも想像によって書き加えてみましょう。最も右端を自分の「死」として，そこまでにどのような人生を送るのかを自由に連想してみましょう。

図 5-7　私のライフライン

課題 2　あなたの情緒年齢は？

あなたの情緒的年齢はいくつでしょうか。実年齢にふさわしい情緒的成熟をしているかどうか，質問紙法を用いて調べてみましょう（『心理学アスペクト』大村政男他著　福村出版，1990，pp. 205-206 より）。

情緒年齢（エモーショナル・エイジ）測定尺度
〔答え方〕　情緒年齢スケールというのは，感情の成熟度を調べる物差(ものさし)です。25問のアイテムに答えるときには医者に自分の容体を報告するような態度でしてください。

1　情緒年齢測定尺度

(1)から(25)までのアイテムを読んで，自分にそういう傾向があれば「はい，そうです」を表わす（Yes）を○で囲んでください。自分にそういう傾向がなければ「いいえ，違います」を表わす（No）を囲んでください。YかNかのどちらかを○で囲むのです。両方を○で囲んではいけません。それでは始めてください。

(1)　Y・N　じきにがっかりするほうで，沈んだ気分になったり，ときには急にふさぎこむことがある。
(2)　Y・N　身なりを気にするほうで，服装や行動で人の注意をひくのが好きである。
(3)　Y・N　緊急の場合でも冷静で，なにがなんだかわからなくなるようなことはない。
(4)　Y・N　議論をするときに非常に積極的になってイライラしやすい。
(5)　Y・N　ひとりっきりでいても決してさびしくない。
(6)　Y・N　後悔するようなことをたびたびしてしまう。
(7)　Y・N　家族との人間関係は平和で楽しい。
(8)　Y・N　他人に対してときどき腹をたてる。
(9)　Y・N　自分が間違っているのを知ったときはすぐそのミスを認める。
(10)　Y・N　失敗すると，つい他人を非難してしまう。
(11)　Y・N　わたしは友だちや家族のだれよりも有能だと思っている。
(12)　Y・N　生涯すばらしい幸運に恵まれることはないと思ってあきらめている。
(13)　Y・N　自分のおこづかいや収入を超過した生活をする傾向がある。
(14)　Y・N　自信が不足している。
(15)　Y・N　感動的なドラマを見ていると涙を流しやすい。
(16)　Y・N　ちょっとしたことで怒ってしまう。
(17)　Y・N　自分の優れていることを他人になんとか認めさせたいと思う。
(18)　Y・N　どっちかというと威張りたいほうである。
(19)　Y・N　苦しいときや不機嫌なときカンシャクを起こしやすい。
(20)　Y・N　他人にものを頼むことが多い。
(21)　Y・N　ある特定の人びとに憎悪感を持っている。
(22)　Y・N　身近にいる人が成功すると，うらやましくなる。
(23)　Y・N　他人に対しては思いやりのあるほうである。
(24)　Y・N　しばしばイライラしたり，怒ったりしてしまう。
(25)　Y・N　死んじゃいたいーと思ったことがある。

2　採点と評価（アセスメント）

(1)から(25)までのアイテムに対して，YかNかの回答が終わったら，その答えを下の表に転記してください。もしも(1)の答えがYだったら11という数字を〇で囲めばよいのです。もし(1)の答えがNだったら21という数字を〇で囲めばよいのです。このようにして(1)から(25)までやってください。

No	1	2	3	4	5	6	7	8	9	10	11	12	13	14	15	16	17	18	19	20	21	22	23	24	25
Y	11	7	26	12	40	10	31	11	26	7	6	11	13	7	5	11	7	12	5	7	7	11	22	10	5
N	21	20	7	30	8	20	6	20	10	26	25	29	26	25	30	28	25	30	20	24	21	21	7	20	20

それがすべて終わったならば，〇で囲んだ数字を合計しましょう。合計が終了したならば，その合計を25で割ってください。小数位は1位で四捨五入します。もしもあなたの合計点（得点）が497だったら，497/25＝19.8となり，四捨五入により20という数値が得られます。

この20という数値だけでは，あなたの情緒年齢がどうなのかはわかりません。そこで，次の表によって評価（アセスメント）をします。表によると情緒年齢が20歳の人は，感情の発達がまずは良好ということになります。もしも15歳以下になった場合は，相当子どもっぽいということになってしまいます。

情緒年齢	評価（アセスメント）
22歳以上	正常に成熟している
20歳～21歳	まずは良好に成熟している
18歳～19歳	成熟は普通である
16歳～17歳	子どもっぽい
15歳以下	相当に子どもっぽい

課題3　自我同一性測定尺度（松本，1997を改変）

以下のそれぞれの文を読み，その内容が現在のあなたの気持ちや生き方にどのくらいあてはまるかを，選択肢に〇をつけて答えてください。

選択肢：まったくそのとおりだ　／　かなりそうだ　／　どちらかといえばそうだ　／　どちらかといえばそうではない　／　そうでない　／　全然そうではない

a. 私は今，自分の目標をなしとげるために努力している
b. 私には，特にうちこむものはない
c. 私は，自分がどんな人間で何を望み，行おうとしているのかを知っている
d. 私は『こんなことがしたい』という確かなイメージをもっていない
e. 私はこれまで，自分について自主的に重大な決断をしたことはない
f. 私は，自分がどんな人間か，何をしたいのかということをかつて真剣に迷い考えたことがある
g. 私は，親やまわりの人間の期待にそった生き方をすることに疑問を感じたことはない
h. 私は以前，自分のそれまでの生き方に自信をもてなくなったことがある
i. 私は，一生懸命にうちこめるものを積極的に探し求めている
j. 私は，環境に応じて，何をすることになっても特にかまわない
k. 私は，自分がどういう人間であり，何をしようとしているのかを，今いくつかの可能な選択を比べながら真剣に考えている
l. 私には，自分がこの人生で何か意味あることができるとは思えない

（加藤，1983）

第5章　自分らしさのなりたち

以下の式に各問の点数（全然そうではない＝1点〜全くそのとおりだ＝6点）をあてはめて『現在の自己投入』『過去の危機』『将来の自己投入の希求』の点数を算出してください。

- ($\overset{a}{}$) − ($\overset{b}{}$) + ($\overset{c}{}$) − ($\overset{d}{}$) +14＝『現在の自己投入』

- ($\overset{h}{}$) − ($\overset{g}{}$) + ($\overset{f}{}$) − ($\overset{e}{}$) +14＝『過去の危機』（←順番に注意！）

- ($\overset{i}{}$) − ($\overset{j}{}$) + ($\overset{k}{}$) − ($\overset{l}{}$) +14＝『将来の自己投入の希求』

次に各点数の流れ図（図5-8）から自分の自我同一性地位を見つけて下さい。

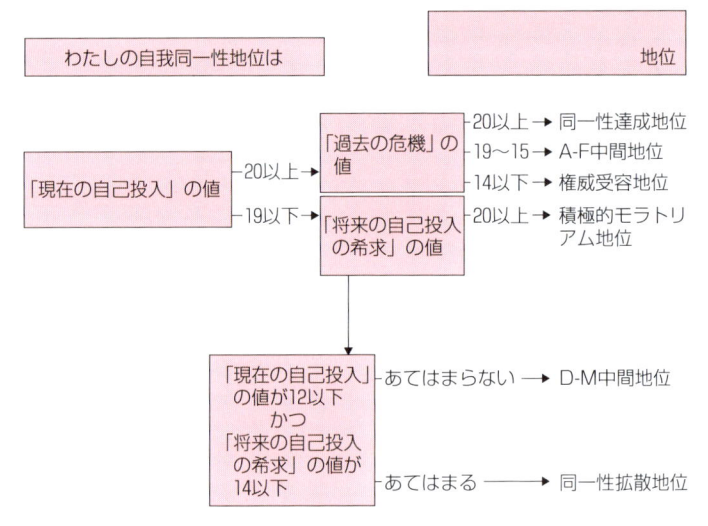

図5-8　各同一性地位への分類の流れ図

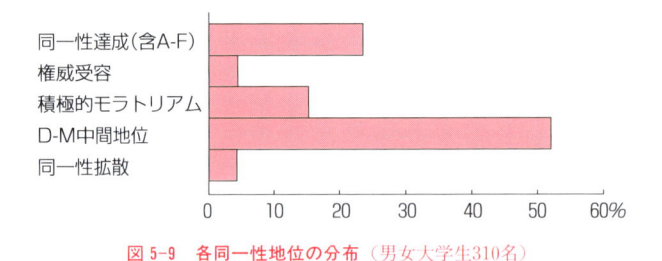

図5-9　各同一性地位の分布（男女大学生310名）

自我同一性尺度地位	マーシャの自我同一性地位	概　　要
同一性達成	同一性達成（Identity Achiever）	すでにいくつかの選択肢の中から自分自身で真剣に考えた末，意思決定を行い，それに基づいて行動している。適応的であり自己決定力，自己志向性がある。 環境の変化に対しても柔軟に対応でき，対人関係も安定している。
A-F中間	同一性達成と早期完了の中間	
権威受容	早期完了（Foreclosure）	選択肢の中で，悩んだり疑問を感じたりすることがそれほどなく，職業や生き方がすでに決定されている。親の考え方と強い不協和はない。「硬さ」が特徴であり，一見同一性達成と同じようにみえるが，この型は環境の急激な変化などのストレス下で柔軟な対応が困難となる。
積極的モラトリアム	モラトリアム（Moratorium）	現在，いくつかの選択肢の中で悩んでいるが，その解決に向けて模索している。 決定的な意思決定を行うことがまだできないために，行動にあいまいさがみられる。
D-M中間	モラトリアムと同一性拡散の中間であるが，過去の危機の有無は人によって異なる。	
同一性拡散	同一性拡散（Identity Diffusion）	危機前拡散：過去に自分が何者であったかあいまいであるために，現在や将来の自分を想像することが困難である。自己選択における積極的な関与がみられない。 危機後拡散：「積極的に関与しないことに積極的に関与している」タイプ。すべてのことが可能だし，可能なままにしておかねばならないという特徴をもつ。そのため，確固とした自己を決定することはできず，「あれも，これも」というまとまりのない状態になる場合もある。

第6章 心の揺らぎと痛み──「心」ってどこにあるの？──

　　ぼく，いたくない
　　どんなにけられてもいたくない
　　心のスイッチをいつも切っているから
　　ぜんぜんいたくない
　　ぼく，いちぬけた
　　せかいなんて，たいしたことはない
　　ぜつぼうなんていみはない
　　かんどうなんていみはない

　　ぼく，かぎつけた
　　ぼくはぼくのせかいにこもるんだ
　　ぼくはいきていながら，ここにはいない
　　ぼくのそんざいなんかぞんざいだ
　　ぼく，いたくない
　　ぼく，どこにもいたくない

1　健やかな心とは
(1)　「心」の時代
　現在は「心の時代」といわれている。それは，同時に「心が見えなくなった時代」でもある。でも，考えてみてほしい。その見えなくなった「心」ってどこにあるのだろうか？

　この章では，この「心のありか」を基盤として，一見目に見えない「心」をできるだけ皆さんの目に見える姿にしてみる。

　冒頭の作品は，母親から身体的虐待を受けつづける子どもの「心の叫び」を詩にしたものである。「心」が揺らぎ，痛み，やがてその揺らぎも痛みも感じられない「閉ざされた心」になっていく様子がみごとに表現されている。

　この小児虐待（池田，1987）に代表されるように，子どもの「心」の問題や「心のありか」を考えるときには，母親の存在の意味が重要となる。

(2)　「健やかな心」の誕生
　最近の新生児研究から，新生児は出産直後から母親との相互関係を促進するための高い能力をもって生まれることが実証されてきている（山内，1986）。乳児期にはいると，母親との相互関係がさらに強くなり，生後9か月前後に母親との「愛着（アタッチメント）」[*1]が形成され，同時に「心」も形成される。「心」は，図6-1(1)に示すように，実は乳児と母親との間の空間に生まれると考えられる。

　そして，母子関係によって生まれた「心」はさまざまな人間との出会いを通して，図6-1(2)のように広がり，安定した「健やかな心」へと成長してゆく。しかも，こうした過程を通ることによってさまざまな人たちとともに生活したり，自分自身の楽しみを積極的に見いだすことができるのである。

　したがって，「健やかな心」にはその基盤にある安定した母子関係が必要不

＊1　乳児期に母親（もしくは代理の養育者）と子どもとの間で形成される強固な情緒的絆を示す。この愛着が未形成な場合には，将来なんらかの情緒的問題を生じることも報告されている。

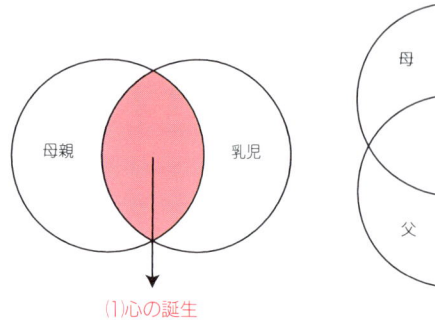

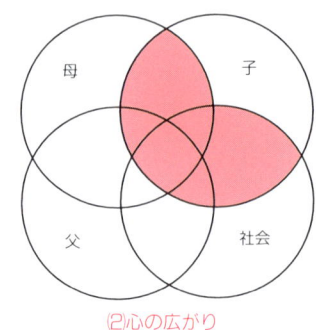

図 6-1　心の誕生と広がり
(1)心の誕生
(2)心の広がり

可欠なだけに，引用した詩のような小児虐待による心の傷は大きな揺らぎと痛みとなり，後々まで「心」に大きな影響を与えることもある。

2　「心が揺れる」とき

この節では，形成された「健やかな心」が，より安定するために意識的，また無意識的にとっている「心」自身の活動について考えてみる。また「健やかな心」が不安定になる理由についても考えてみよう。

(1)　人それぞれの「心」

まず第一歩として，「心」を正しく理解することから始めよう。

これから皆さんにやってもらいたいことがある。下の枠内に「心」という漢字を書いてみてほしい。そして，書けたら，隣の人と比べてみよう（これは家族で行っても興味深いものです）。

皆さんは，この単純なことから次の2つのことに気づくだろう。第一に，今書いた「心」という漢字は，同じ「心」という漢字なのに，一人ひとりその漢字の形や大きさ，またその漢字を書く位置もちがう。どうだろう？

このことから，「心」は一見誰もが同じ姿をしていると思いがちであるが，実際は一人ひとりちがう姿をしていることがわかる。これが「個性」とよばれるものである。あなたが友だちの悩みを聞いていて，あなた自身「どうしてそんな小さなことでくよくよするかがわからない」と思うようなことがあるだろう。こうした状況は，実は「心」の姿のちがいから生じることなのである。

第二に，今書いた「心」という漢字をよく見ると，その漢字は3つの点と1つの短い線との微妙なバランスでなりたっている。たとえば，図6-2に示したような形だと本当にバランスの悪い漢字になってしまう。このことからは，「心」はヤジロベエのようにとても微妙なバランスのうえに成立していることが理解できるであろう。

以上，2つの特徴が人それぞれの「心」を考えるときに重要になる。つまり，「一人ひとりの過去に出会ってきた人たちや環境のちがいによって，心にもち

がいが生じる。しかも、『心』そのものは常に微妙な揺れの状態であり、ちょっとした原因でその揺れが大きくなり、バランスを崩してしまうことがある」ということである。

図 6-2　バランスのとれない「心」

(2) 適応すること

「心」は微妙なバランス状態を保ちながら、「心が揺れる」状態を最小限にする方法を成長とともに獲得していく。

これが、「適応」とよばれ、「その個人がもつ欲求を満足させるとき、その個人の外的環境（人的、あるいは物理的）との間で、自らを外的環境に近づけるか、あるいは外的環境を変容させることにより、欲求充足をはかる」ことをいう。[*2]

こうした適応状態を意識的に、または無意識的に続けながら、人間は「心が揺れる」ことを最小限にして、心のバランスを維持している。逆に、「心が揺れる」状態が強く、その影響で日常生活や学業になんらかの支障をきたすことを「不適応」とよぶ。

(3) 「心の揺れる」状態

私たちが日常的にしばしばくりかえし体験する適応状態と不適応状態の中間に位置する「心が揺れる」状態がある。その代表的なものが、次に述べる「欲求不満」「葛藤」「自我防衛機制」「PTSD」である。

1) 欲求不満（フラストレーション）　「なんらかの妨害により欲求を充足することが阻止され、しかもその状態が継続している場合に生じる『心が揺れる』状態」である。たとえば、皆さんも小さいときに「我慢しなさい」とよく言われたことがあると思うが、その時に味わった苦痛が欲求不満である（図6-3）。

また、最近よく耳にする「キレル」という若者に特有の現象も、実は欲求不満状態が極限に達したために生じる不適応行動と考えられる。

2) 葛藤（コンフリクト）

「お互いに矛盾する2つ以上の同じくらいの強さをもつ欲求が同時に存在し、その選択に苦悩する場合に生じる『心が揺れる』状態」である。

葛藤には4つのパターン（図6-4）がある。

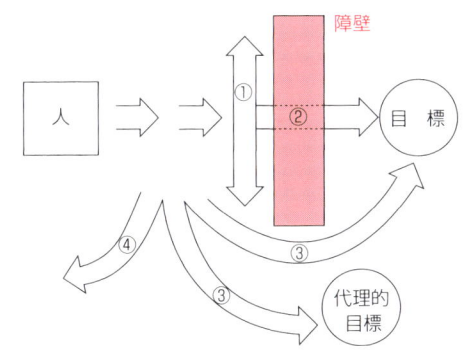

①混乱：障壁を克服する方法がわからず、混乱したまま立ち往生する状態
②怒りをともなう攻撃：克服できない自分自身への怒りを障壁そのものに向けるが、現実的には何も解決にならない状態
③妥協：障壁を克服できないので、別の方法や目標へと妥協することで満足する状態
④逃避：障壁そのものから遠ざかる状態

図 6-3　欲求不満と行動（パイナック, 1968）

---

*2　欲求には、人間が本能的にもつ生理的レベル（飢え、渇き、性行動、睡眠）から、マズローの自己実現欲求（社会的承認、社会的達成感など）という社会的レベルまでの幅広い状態を示す。

4つのパターンを理解するために，次の4つの言葉がそれぞれどのパターンに該当するかを考えてみよう。（解答は58ページ）

①虎穴に入らずんば，虎児を得ず
②こっちの水は甘いぞ，そっちの水も甘いぞ
③きれいな花にはトゲがある
④前門の虎，後門の狼

この葛藤状況は，青年期の人たちには特に多い。この葛藤が強く，行動に時間がかかる人のことを一般に「優柔不断」といっている。

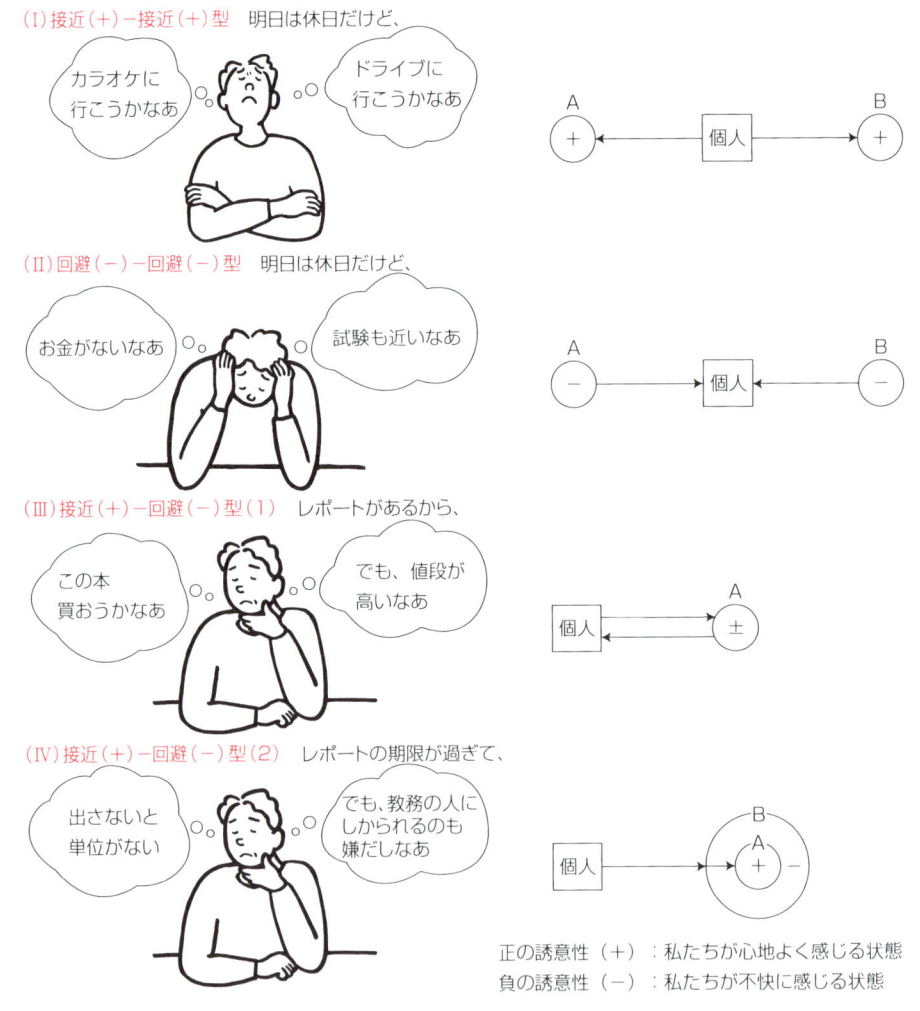

(I) 接近（＋）－接近（＋）型　明日は休日だけど，
「カラオケに行こうかなあ」「ドライブに行こうかなあ」

(II) 回避（－）－回避（－）型　明日は休日だけど，
「お金がないなあ」「試験も近いなあ」

(III) 接近（＋）－回避（－）型(1)　レポートがあるから，
「この本買おうかなあ」「でも、値段が高いなあ」

(IV) 接近（＋）－回避（－）型(2)　レポートの期限が過ぎて，
「出さないと単位がない」「でも、教務の人にしかられるのも嫌だしなあ」

正の誘意性（＋）：私たちが心地よく感じる状態
負の誘意性（－）：私たちが不快に感じる状態

図 6-4　葛藤の4つのパターン（久保，1972）

3）自我防衛機制　欲求不満と葛藤は，いずれも意識された行動の結果生じる状態であるが，自我防衛機制は，私たちが無意識にとる行動パターンである。表6-1にその代表的なものを示しているが，日常使う言葉では，「クセ」がこれにあたる。「人はなくて七クセ」ということわざがあるが，自分のクセ

はいくつくらいあるだろうか？　両親や友だちに聞くと，けっこう自分では気づかないクセは多い。

ただここで気をつけることは，欲求不満，葛藤や自我防衛機制による行動は，決してその人の欠点ではなく，むしろその人らしさを表わす特徴となる点である。

表 6-1　代表的な自我防衛機制（前田，1985より一部抜粋）

種　類	内　　　容	意識のレベル	病　的	健康者
抑　圧	苦痛な感情や欲動，記憶を意識から閉め出す。	抑制（禁圧）臭いものにフタ	○	△
逃　避	空想，病気，現実，自己へ逃げ込む。	回避 逃げるも一手	○	△
退　行	早期の発達段階へ戻る。幼児期への逃避。	童心に帰る	○	○
置き換え（代理満足）	欲求が阻止されると，要求水準を下げて満足する。	妥協する	△	○
転　移	特定の人へ向かう感情を，よく似た人へ向けかえる。		○	△
昇　華	反社会的な欲求や感情を，社会的に受け入れられる方向へ置き換える。			○
補　償	劣等感を他の方向でおぎなう。	碁で負けたら将棋で勝て		○
反動形成	本心とウラハラなことを言ったり，したりする。	弱者のつっぱり	○	△
打ち消し	不安や罪悪感を別の行動や考えで打ち消す（復元）。	やり直し	○	△
取り入れ	相手の属性を自分のものにする。同化して自分のものとする（取り込み）。	相手にあやかる 真似	○	○
同一視(化)	相手を取り入れて自分と同一と思う。自他未分化な場合は一次的同一化（→融合，合体）		○	○
投射(投影)	相手へ向かう感情や欲求を，他人が自分へ向けていると思う。	疑心暗鬼を生ずる	○	
合理化	責任転嫁	いいわけ	○	△
知性化	感情や欲動を直接に意識化しないで，知的な認識や考えでコントロールする。	屁理屈	○	△

○：常時くり返される場合　△：時々見られる場合

4）PTSD（心的外傷後ストレス障害）[*3]　阪神大震災や地下鉄サリン事件などの事件をきっかけとして一般的に知られるようになった「心が揺れる」状態である。このPTSDのもっとも特徴的なことは，その強い心的外傷直後に出現する症状だけが問題になるのではなく，長期にわたり，さまざまな影響を及ぼすことである（井口，1997）。それだけに最初に紹介した小児虐待もPTSDとして，後々までいろいろな影響が残るといわれる。

3　心　の　危　機

最初にふれたように，現在は「心の問題」がクローズアップされる時代であり，「心の危機」の問題は，先ほどのPTSDをふくめて重要な問題となってい

[*3] 外傷的出来事（極度の危険・恐怖）の後に生じる反復的苦痛（想起，夢，起こっているかのような感覚など）からの持続的回避・覚醒亢進症状，全般的反応性の麻痺が1か月以上みられ，日常生活に支障が生じる状態を示す。

る。しかも，ここ数年「心の危機」は大人だけの問題ではなく，子どもたちから老人まで，すべての年代で見られ，しかも各年代に特有の現象があることがわかってきている。

それぞれの発達段階で特徴的にみられる「心の危機」について，具体的に事例を通して考えてみよう（発達段階については 44 ページの表 5-2 参照）。

(1) 乳幼児期

3 歳という，それまでの赤ちゃんと母親との絶対的な関係から新しい世界に成長する過程においては，大人にはみることができない 3 歳児なりの大変な危機を乗り切って新しい世界への船出をする。

〈ケース 1〉

A君（3 歳）。とても元気な男の子ですが，なぜか夕方になると，「家が揺れる」と不安になり，寝ても，恐い夢を見るということで，相談に来ました。面接の過程で，その強い不安に背景には，弟の誕生にともなうA君の一時的な退行状態を，母親自身が受けとめられない，しかもその理由として，成長してきたA君の顔がだんだんと父親（育児に協力的でない）に似てきたためということが明確になりました。そこで，A君に対しては，絵画を用いて夢のイメージを変化させることにより，当初の主訴はなくなりました。また，母親に対しては，育児を一人でやってきた大変さを共感しながらの面接を行ったところ，約半年で安定した母子関係に回復し，終結しました。

(2) 小・中学校

小・中学校は，「勉強」ができるかどうかの評価により，エリクソンも指摘する「勤勉性」の形成と，その危機としての「劣等感」の高まりが生じやすい。また，こうした心の危機が，最近問題となっている「いじめ」問題にもかかわっていることを痛感する。

〈ケース 2〉

B君（中学 1 年生）。不登校状態となり，相談に来ます。面接でわかったことは，学校に行きたくない気持ちは，すでに小学 5 年からあり，その頃から算数をはじめとして，勉強がわからなくなっていたようです。でも勉強はどんどん進み，できる児童だけが先生にほめられ，B君のようにおとなしい児童はまったく無視され，中学校に入っても同じ状態であったことがわかります。実際に，面接場面で数学の問題を解いてみても，小学校高学年の問題ができないことがわかりました。ただ，そうした問題を一緒に解くと，本当にうれしそうな笑顔を見せました。そこで，面接では，言語的な直面化を求めることではなく，数学や英語を一緒に勉強することに切り換えました。同時に，学校の先生にもお願いし，B君宅への家庭訪問を利用して，勉強を介してのコミュニケーションをお願いしたところ，先生との信頼関係も高まり，3 年生から勉強するために登校を始めることができました。

(3) 青年期

青年期は「これが自分である」という確固たる自我である自我同一性を形成

---

56 ページの答：①-IV，②-I，③-III，④-II

する段階である。それだけに，思春期以降の「自分の存在価値」や「自分の理想像」に混乱や拡散がみられるとこうした危機が生じやすくなる。

〈ケース3〉

C子（20歳）。大学に入ってから友人ができない，勉強する意欲がでないことで相談に来ました。C子は理想が高いために，高校も周囲の反対を押しきって，進学校を受験し，落ちたために，授業料の高い私立高校に，さらに大学も第一志望に落ちて，現在の第二志望の大学に入った経緯がわかりました。その大学自体も自分自身に具体的な目標があったわけでなく，周囲の勧めに今度は従わないといけないという気持ちから大学を選択したために，自分がやりたいことがわからずに混乱していた状態でした。

したがって面接では，C子とともに大学生活での具体的な目標をつくることと，関心のあった福祉関係のボランティア活動への参加を勧めました。その結果，大学外での友人（年上の社会人）が増え，また福祉関係への就職を希望するというはっきりとした目標ができてきました。そして，最終的には，やっとの思いで自分の気持ちを両親に伝え，C子と両親が何回かの妥協のもとに就職も決まり，卒業することができました。

(4) 初 老 期

人生の「思秋期」である初老期は，それまでの時間に追われる過ごし方から，本当の意味での自分自身の時間の流れに切り換えながら新しい人生を見つめることができる。一方，身体的，精神的な病気が引き金となり，抑うつ的になったり，心気的症状が生じやすくなる。

〈ケース4〉

Dさん（60歳）。長年勤めた職場を定年退職し，やっとゆっくりとした人生を歩もうと考えた矢先，ちょっとした不注意から足を骨折してしまいます。年齢的なこともあり，入院が長引き，退院してからも医学的には問題がないのですが，足の痛みがとれないといった心気的訴えが続き，相談に来ます。

周囲から見ても，一年前とは比較にならないほど年をとって見え，すべてのことに悲観的になり，特に自分の健康への自信のなさが顕著にみられました。

したがって，気持ちを落ちつかせるための投薬とともに，もう一度，早すぎた「初老期を迎えた自分」を見つめなおす面接をゆっくりと行いました。その結果，自分自身を「おじいさん」と呼ばれることにも抵抗がなくなり，時間に追われる生き方から余裕ある時間をつくる生き方へと変えることが少しずつできるようになりました。

表6-2に示すようなそれぞれの発達段階に特有な心の危機もあることを，こうした状態と合わせて覚えておこう。

4　心の健康のために──心の痛みを分かちあう

私たちは，これまで述べてきたように，乳幼児期から数多くの心の危機を乗り越えて，今の「健やかな心」になっている。しかし長い人生においては，ライフイベント（人生の節目に生じやすい事柄：表6-3）といったどうしても避けることのできない人生での「心の痛み」を経験し，どのように解決すればい

いかをとまどうことも多い。

こうした「心の危機」に直面したときには，次の2つの解決方法がある。

1）自分自身の能力で解決する方法　さまざまな人間関係のなかで，あなた自身がもつ未解決な問題はくりかえし起きてくるものである。簡単な言い方

表 6-2　ライフサイクルとストレス（前田，1994改変）

年齢	発達段階	ストレスとなりやすい出来事
0〜	乳児期	母子結合（甘え）
1〜	幼児期	離乳，反抗期，母子分離
3〜	少年への過渡期	幼稚園，保育所，一人でいる能力
6〜	学童期	小学校，友人関係，勤勉さ
12〜	青年への過渡期	反抗期，心理的離乳
15〜	青年中期	同一性の危機
18〜	成人への過渡期	自我同一性の確立と混乱
22〜	大人の世界へ入る時期	入　社
28〜	30歳の過渡期	結婚，成人としての自覚
33〜	一家を構える時期	子どもの誕生，昇進，転勤
40〜	人生半ばの過渡期	子どもの受験，中年期の危機（自殺・転職・脱サラ）
45〜	中年に入る時期	子どもの独立
50〜	50歳の過渡期	子どもの結婚
55〜	中年の最盛期	管理職，定年・退職，再就職
60〜	老年への過渡期	別居
65〜	老年期	死への恐怖

表 6-3　ライフイベントとストレスとの相関（毎日ムックより抜粋）

順位	ライフイベント	指数	順位	ライフイベント	指数
1	配偶者の死	83	15	会社の立て直し	59
2	会社の倒産	74	16	友人の死	59
3	親族の死	73	17	会社が吸収合併される	59
4	離婚	72	18	収入の減少	58
5	夫婦の別居	67	19	人事異動	58
6	会社が変わる	64	20	労働条件の大きな変化	56
7	自分の病気やケガ	62	21	配置転換	54
8	多忙による心身の過労	62	22	同僚との人間関係	53
9	300万円以上の借金	61	23	法律的トラブル	52
10	仕事上のミス	61	24	200万円以下の借金	51
11	転職	61	25	上司とのトラブル	51
12	単身赴任	60	26	抜てきにともなう配置転換	51
13	左遷	60	27	息子や嫁が家を離れる	50
14	家族の健康や行動の大きな変化	59			

企業に勤める20〜50歳代の1000人に，希望と不安が相半する「結婚」を指数50として，これを基準にストレスを感じるものはそれ以上，感じないものはそれ以下の指数として100点満点で自己採点した結果をまとめたもの（夏目他，1988）

をすれば，人間は同じ過ちを犯しやすいものなのである。したがって，こうした人間関係のくりかえしを経験しながら，完全とはいえないまでも自然と克服することは可能である。

最近はセルフ・ヘルプ・グループ（自助集団）として，健康な人たちがより心の健康さを促進させるためのグループをつくったり，同じような「心の痛み」をもつ人たち同士で相互援助するグループをつくったりしながら，それぞれの未解決な問題を克服しようとするプログラムも増えている。[*4]

2）専門家と協力すること　どうしても同じ失敗をくりかえし，そうした自分にイライラし，罪悪感が強くなり，抑うつ的（落ちこむこと）になったり，対人関係からの引きこもりが生じたりするくらい大きな「心の痛み」が続き，日常生活や勉強や仕事になんらかの支障をきたしてしまう場合には，一人でなんとかすることは限界がある。

そうした場合には，「心の専門家」とよばれる精神科や心療内科の医師，あるいは臨床心理士による専門的な援助が効果的である（表6-4）。

もしかすると，皆さんは「そんなことしなくても，身近な人に話をすれば，なんとかなる」と考えがちであるが，くりかえし述べているように，「心」とは一人ひとりちがう姿をしていて，しかも微妙なバランスのうえに立っている。それだけに，自分自身の「心」のありようをしっかりとみつめてくれ，しかもこれからの道筋を立ててくれる専門家の存在は大きいはずである。

そして，専門家との新たな交流を基盤として，もう一度忘れかけていた「心」の存在の基本から再出発することが，自分の「心」にもっとも負担をかけない健康なやり方となるであろう。

表6-4　心の専門家の専門領域の差異

	精神科	心療内科	臨床心理士
基本的立場	精神医学の視点から，患者に診断・治療を行う	心身症の患者への対応を主に診断・治療を行う	臨床心理学の視点から，クライエント（来談者）への指導・助言・カウンセリング（心理面接）を行う
主な活動機関	大学病院，総合病院，個人病院，精神保健福祉センターなど	大学病院，総合病院，一部の内科医院（精神科ほど数は多くない）など	大学，病院，児童相談所，個人開業など
主な対象	さまざまな原因（心因，外因，内因）から生じる精神障害（精神分裂病，うつ病，神経症，アルコール依存症など）が認められる病態を示す。	身体疾患のなかで，その発症や経過に心理社会的因子が密接に関与し，器質的ないし機能的障害が認められる病態をいう。ただし，神経症やうつ病など，他の精神障害にともなう身体症状は除外する。	心理社会的な原因により日常生活になんらかの支障が生じ，その結果として，社会的不適応状態を示す（不登校，いじめ，非行，一部の神経症，抑うつ状態など）。

---

*4　精神障害，アルコール依存，薬物依存，心身障害児・者などの同じ悩みをもつ本人，もしくはその家族同士が，過去や現状を克服し，今後の展望を自分たち自身で広げていこうとする自発的な自助グループである。

事例研究

小児虐待

事例：A子（22歳）　主訴：長男B太（1歳）への虐待

来談までの経緯：初回の面接では，A子はB太の発達のことで困っていることを強調する。一方，B太は音に敏感でむずがることが多いが，A子の反応は乏しく，むしろ，イライラを押し隠すことでいいいっぱいの様子だった。そこで，A子自身の話に切り換えた。A子は20歳で結婚するが，B太へのかかわり方もわからず，つい手が出てしまう現状がやっと語られた。治療者は，A子に「A子なりにかわいがろうとしたけど，どうすればいいかわからなかったし，また教えてくれる人もいなかったんだろうね」と共感的に返すと，そこからはじめて自分自身の生育歴が語られた。実は，A子自身が自分の母親から虐待を受けつづけ，その母親から一時でも早く離れたい気持ちから結婚し，子どもを産んだことがわかる。しかし，敏感なB太への育児はむずかしいことが多く，いけないとわかっていながらも，つい手が出てしまう。すると，母親のようになる自分が恐くなり，余計に叩いてしまう悪循環にあることが理解できた。

面接経過：母子の遊びの場面に治療者が直接介入しながら，A子にB太へのかかわり方をA子の母親がわりにゆっくりと共有することを目的とした。その結果，A子自身がほめられる体験を通して，虐待された体験を克服し，同時にB太をほめることにより，B太自身のむずがりも少なくなり，約1年で終結した。

【Further reading】

樹木画テスト　高橋雅春・高橋依子　1975　文教書院
　　バウムテストに関する本のなかで，日本人を対象とした多くの事例とその解釈についてわかりやすく紹介してくれている一冊である。

こころの科学　日本評論社
　　心の世界，特に心理臨床に関連した特集を中心として，一般の方や学生，そして専門家にとっても参考となる雑誌（隔月発行）である。

乳幼児精神医学の方法論　小此木啓吾・小嶋謙四郎・渡辺久子（編）　1994　岩崎学術出版社
　　乳児期からの積極的な介入の必要性とその理論背景，具体的な対応に関して，系統的にまとめている良書である。

心の臨床家のための必携精神医学ハンドブック　小此木啓吾・深津千賀子・大野 裕 編　1998　創元社
　　「心」のケアである精神医学について体系的に概説し，しかもわかりやすい表現で，解説している入門書である。

演 習

課題 1　あなたの元気度チェックテスト

あなた自身の最近 1 か月間をふりかえって，表 6-5 に示すそれぞれの質問について，A（毎日ある），B（週の半分はある），C（週に 1 日はある），D（まったくない）のうち，一番あてはまるものに○をつけてください。

表 6-5　あなたの元気度チェックテスト

	質　問　内　容	A	B	C	D
1	気分が沈みがちで憂うつになる				
2	ささいな事で泣きたくなることがある				
3	夜よく眠れない				
4	体重が減った				
5	便秘がある				
6	ふだんよりも動悸がする				
7	理由もなく疲れる感じがある				
8	落ちつかず，じっとしていられない				
9	ふだんよりイライラする感じが強い				
10	自分がいない方がみんなのためだと思うことがある				
11	朝方に一番気分の悪さがある				
12	食欲不振である				
13	異性に関心がもてない				
14	気持ちが晴れないことが多い				
15	手慣れたことが簡単にできない				
16	自分の将来に希望がもてない				
17	何かを決めきれず迷うことが多い				
18	自分が役に立つ人間とは思えない				
19	毎日の生活に充実感がない				
20	今の生活に満足していない				
	それぞれの項目の合計数				

結果の整理　A，B，C，D のそれぞれを 3 点，2 点，1 点，0 点として，その合計点を出してください。

　　Aの数　＋　Bの数　＋　Cの数　＋　Dの数　＝　合計点
　　（　）×3＋（　）×2＋（　）×1＋（　）×0 ＝【　　　】

結果の判定　この結果は絶対的なものではありませんが，現在と将来の生活には十分に役立つでしょう（表 6-6 参照）。

表 6-6　あなたの元気度チェックテストの判定結果

合計点	判　　定
10点以下	いまのところ大丈夫です
11～20点	用心しましょう
21～30点	要注意です
31点以上	すぐに専門家に相談することを勧めます

課題2　バウムテスト（樹木画テスト）

　図6-5に示す4つの樹木画から，今のあなたの気持ちにもっともピッタリくるものを1つ選んで，その下にその樹木画を選んだ理由も書いてみてください。（解答は68ページ）

　結果はどうでしたか。もしも，このバウムテストに関心をもった人は，A4サイズの紙にHBか2Bの鉛筆で，実のなる樹を一本描いてみてください。そして，この章の【Further reading】で紹介している文献で自己分析してみてください。

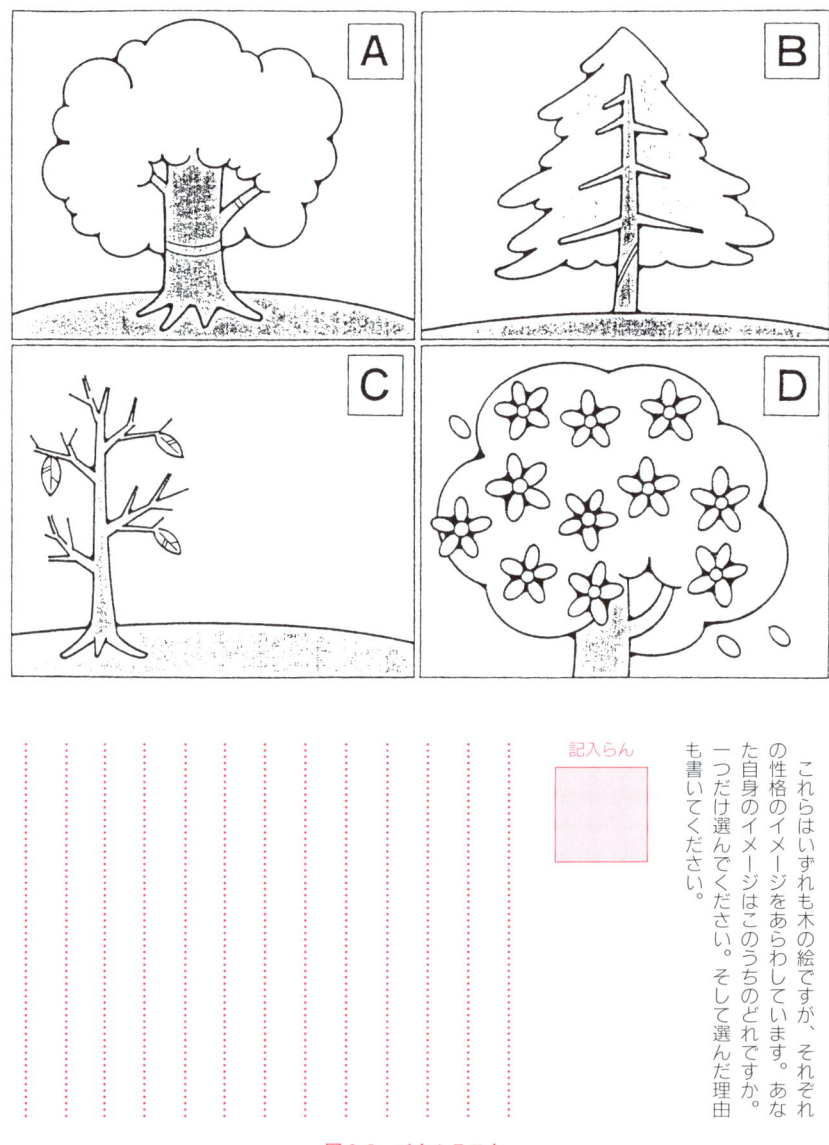

これらはいずれも木の絵ですが，それぞれの性格のイメージをあらわしています。あなた自身のイメージはこのうちのどれですか。一つだけ選んでください。そして選んだ理由も書いてください。

記入らん

図 6-5　バウムテスト

課題 3　エゴグラム

あなたの心の「自由な心」の部分・「何かに束縛された心」の部分を知ることによって，今後の生活をより充実したものに変えてみましょう。

そこで，次の表 6-7 に示す 50 項目の質問に，「はい」の場合は○，「いいえ」の場合は×，「どちらでもない」の場合は△で答えて下さい。ただし，できるだけ○と×でお願いします。

表 6-7　エゴグラムとチェックリスト（中村・杉田，1979 より抜粋）

		質問項目	○	△	×
CP（　）点	1	あなたは，何ごともきちっとしないと気がすまないほうですか。			
	2	人が間違ったことをしたとき，なかなか許しませんか。			
	3	自分を責任感のつよい人間だと思いますか。			
	4	自分の考えをゆずらないで，最後までおし通しますか。			
	5	あなたは礼儀，作法についてやかましいしつけを受けましたか。			
	6	何ごとも，やりだしたら最後までやらないと気がすみませんか。			
	7	親から何か言われたら，その通りにしますか。			
	8	「ダメじゃないか」「…しなくてはいけない」という言い方をしますか。			
	9	あなたは時間やお金にルーズなことが嫌いですか。			
	10	あなたが親になったとき，子供をきびしく育てると思いますか。			
NP（　）点	1	人から道を聞かれたら，親切に教えてあげますか。			
	2	友だちや年下の子供をほめることがよくありますか。			
	3	他人の世話をするのがすきですか。			
	4	人の悪いところよりも，よいところを見るようにしますか。			
	5	がっかりしている人がいたら，なぐさめたり，元気づけてやりますか。			
	6	友だちに何か買ってやるのがすきですか。			
	7	助けを求められると，私にまかせなさい，と引きうけますか。			
	8	だれかが失敗したとき，責めないで許してあげますか。			
	9	弟や妹，または年下の子をかわいがるほうですか。			
	10	食べ物や着る物のない人がいたら，助けてあげますか。			
A（　）点	1	あなたはいろいろな本をよく読むほうですか。			
	2	何かうまくいかなくても，あまりカッとなりませんか。			
	3	何か決めるとき，いろいろな人の意見をきいて参考にしますか。			
	4	はじめてのことをする場合，よく調べてからしますか。			
	5	何かする場合，自分にとって損か得かをよく考えますか。			
	6	何か分らないことがあると，人に聞いたり，相談したりしますか。			
	7	体の調子のわるいとき，自重して無理しないようにしますか。			
	8	お父さんやお母さんと，冷静に，よく話し合いますか。			
	9	勉強や仕事をテキパキと片づけていくほうですか。			
	10	迷信やうらないなどは，絶対に信じないほうですか。			

		質　問　項　目	○	△	×
FC（　）点	1	あなたは，おしゃれが好きなほうですか。			
	2	皆とさわいだり，はしゃいだりするのが好きですか。			
	3	「わあ」「すげえ」「かっこいい！」などの感嘆詞をよく使いますか。			
	4	あなたは言いたいことを遠慮なく言うことができますか。			
	5	うれしい時や悲しい時に，顔や動作に自由に表わすことができますか。			
	6	ほしい物は，手に入れないと気がすまないほうですか。			
	7	異性の友人に自由に話しかけることができますか。			
	8	人に冗談を言ったり，からかったりするのが好きですか。			
	9	絵を書いたり，歌をうたったりするのが好きですか。			
	10	あなたはイヤなことを，イヤと言いますか。			
AC（　）点	1	あなたは人の顔色をみて，行動をとるようなくせがありますか。			
	2	イヤなことをイヤと言わずに，おさえてしまうことが多いですか。			
	3	あなたは劣等感がつよいほうですか。			
	4	何か頼まれると，すぐやらないで引き延ばすくせがありますか。			
	5	いつも無理をして，人からよく思われようと努めていますか。			
	6	本当の自分の考えよりも，親や人の言うことに影響されやすいほうですか。			
	7	悲しみやゆううつな気持になることがよくありますか。			
	8	あなたは遠慮がちで消極的なほうですか。			
	9	親のごきげんをとるような面がありますか。			
	10	内心では不満だが，表面では満足しているようにふるまいますか。			

表 6-8　エゴグラムの 5 つの自我状態

P：Parent（親の自我状態）	CP：Critical Parent（批判的な親）	良心や理想と深く関係し，生きているための規則などを教え，厳しい面を示す。高い場合は，他人への支配が強く，責める傾向がある。
	NP：Nurturing Parent（保護的な親）	相手に対して保護的，養育的で，親身になって面倒を見るが，度が過ぎると押しつけがましくなりやすい。
A：Adult（大人の自我状態）		合理的，論理的に判断することが可能で知性や理性に深く関わる。あまりに高い場合は情緒的に乏しいクールな感じにもみられる。
C：Child（子供の自我状態）	FC：Free Child（自由な子供）	本能的で創造的な側面です。集団のなかで自由な感情表現が可能です。しかし，度が過ぎると軽率な行動をとってしまうこともある。
	AC：Adapted Child（順応する子供）	いわゆる「良い子」の部分。一見，対人関係は良好ですが，本当の自分を押さえている傾向があり，自発性に欠けることもある。

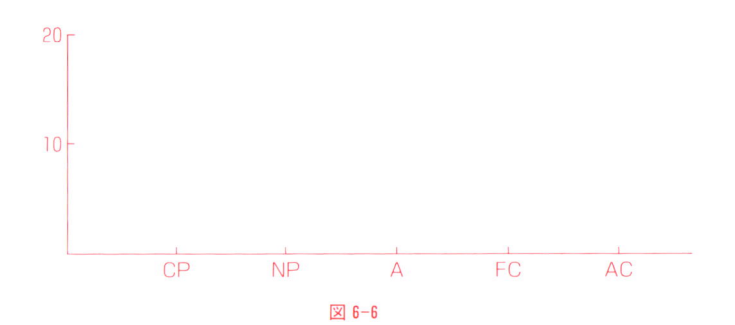

図 6-6

結果の整理 すべての質問に答え終わったら，○は2点，△は1点，×は0点として，CP，NP，A，FC，ACの5つのカテゴリー別に合計点を出して下さい。そして，その合計点を図6-6に折れ線グラフにしてください。

結果の判定 表6-8にあるCP，NP，A，FC，ACの5つのカテゴリーがもつ意味を参考として，あなたの結果をみてください。具体的には，この5つのカテゴリーのどの項目が他の項目と比較して高いか，あるいは低いかで，あなたの日常生活のスタイルが判定できます。また，図6-7には典型的なエゴグラムのパターンを示しますので，参考にしてください。

構え	典型的エゴグラム	解　　説
自他肯定	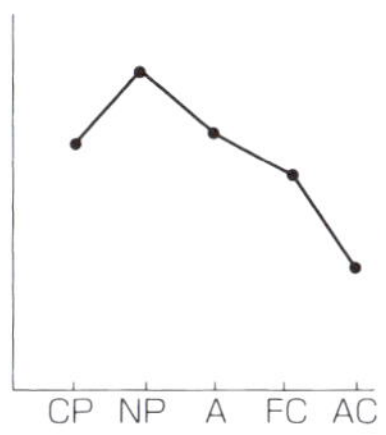 (山型のグラフ：NPがピーク、CP A FC AC)	「私も他人の人もすべてOKである」という民主的で建設的な人生観をもって生きている人の場合。典型的エゴグラムは、㊎をピークとし㊊へ下っていく山型で、㊁や㊀の機能が強いのが特徴である。他の人との間に暖かい交流が行われやすく、㊍もある程度高いので自分を適切に表現でき、人間関係がうまくいきやすい自我状態と言える。
自己肯定・他者否定	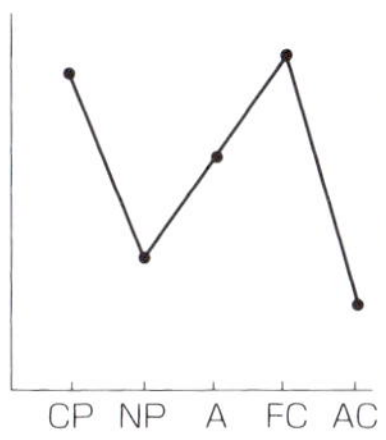 (逆N型のグラフ：CPとFCが高い)	「私はOKだが他人はOKでない」という、自信をもっているが排他的で責任転嫁的な人生観をもって生きている人の場合。典型的エゴグラムは、㊁と㊍が高く㊎や㊊が低い逆N型で、他の人には批判的だが自分を積極的に生かそうとする㊁や㊍の機能が表面にでるのが特徴である。ともすれば周囲との間に摩擦が生じやすい。
自己否定・他者肯定	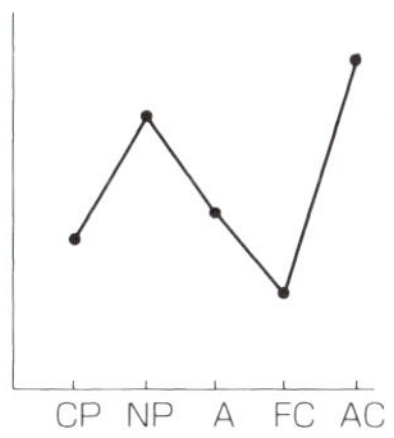 (N型のグラフ：NPとACが高い)	「私はOKでないが他の人はOKである」という劣等感・無力感を伴った人生観をもって生きている人の場合。典型的エゴグラムは、㊎と㊊が高く㊁と㊍が低いN型で、自分を抑えてでも他の人との関係を良くしようという㊎や㊊の機能が表面にでるのが特徴である。内部に矛盾が蓄積されていく場合が多い自我状態と言える。
自他否定	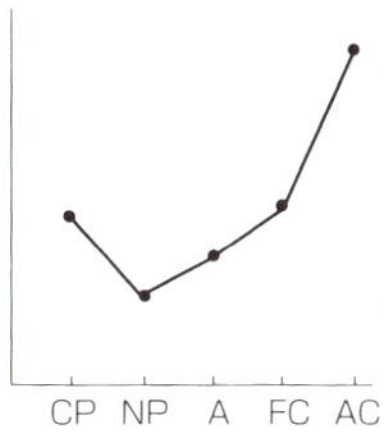 (谷型のグラフ：NPが底、ACへ上昇)	「私も他の人もみなOKでない」という虚無的で非建設的な人生観をもって生きている人の場合。典型的エゴグラムは、㊎を底とし㊊へ上っていく谷型で、㊁や㊀の機能が弱く㊊の機能が強いのが特徴である。㊎が低いため他の人との暖かい交流が持ちにくく、㊊が高いため自分に対して肯定的構えがとりにくい自我状態と言える。

図6-7　典型的なエゴグラムのパターン

〈バウムテスト（64ページ）の解答〉
- Aを選んだ人　　現実的なものに根をおろした安定感と，円満な人間関係を求めています。社交性と世間的な野心をもとめており，ややラフなところがあります。
- Bを選んだ人　　人と距離を置き，孤独を愛し，自分だけの世界にややもすれば閉じこもろうとする人が選びます。人から"少しかわっている"と見られますが，与えられた仕事はきちょうめんにていねいに実行するタイプです。
- Cを選んだ人　　内向的で人とふれあいたい気持ちがありながら，神経質でぴりぴりとした過敏な性質のため，人をさける傾向があります。神経が疲れやすいタイプです。
- Dを選んだ人　　派手で人目にたちたがり，自己主張が強くやや自分本位で，他人に見栄をはりたがり，実力以上に自分をみせようとし，皆に注目されたい願望の持ち主です。

第7章　人とのかかわり

　私たちの日々の生活は人とのかかわりなしには考えられない。家族や友人，恋人などとの深く継続的なかかわりだけでなく，偶然一緒の電車に乗りあわせた人，買い物に行った先の店員さんなどとの一過性のかかわりもある。本章では，まずはじめに友人や恋人などとの親密な関係の形成・発展過程について，つづいて，説得，援助，攻撃といった，私たちがさまざまな人とのかかわりのなかで行う行動〈対人行動〉について考えてみたい。

1　対　人　認　知

　未知の人と出会った私たちは，何らかのかたちで相手についての情報を収集し，それに基づいてどのような人であるか，認知の対象である他者の性格，感情，行動の意図などの内的な特性を意識的，無意識的に判断しようとする。このような過程を対人認知の過程といい，そこで他者に関する印象が形成される。

(1)　視覚的な情報と印象形成

　他の情報が乏しい段階では，視覚的な情報〈見た目〉は対人認知に大きく影響する。顔立ち，容姿といった身体的魅力度の高い人は魅力度の低い人に較べて好ましいパーソナリティ特性のもち主であると判断されやすい。また，人々は，相貌特徴と性格特性との関係について一定の関連があると考えているため（表7-1），ある人の容貌からその人の性格特性を推測することになる。

　このほか，服装，髪型，化粧，眼鏡，ひげなどの特徴や，姿勢，歩き方，話し方，顔の表情も大きく印象に影響する。相手に好印象を与えるようにこれらの特徴を整えることを印象操作[*1]という。

(2)　他者からの情報と印象形成

　視覚的な情報に加えて，他者から得た情報によっても印象が形成される。アッシュ（1946）は7つの刺激語のリストを示し，その人がどのような特性をもっているかを評定させたところ，リストAとBでは，全体的な印象が大きく異なることがわかった（図7-1）。ここでの「暖かさ―冷たさ」のように全体の印象に大きな影響を及ぼす特性を中心特性，そうでない特性を周辺特性という。
リストA：知的な―器用な―勤勉な―暖かい―決然とした―実際的な―慎重な
　　　B：知的な―器用な―勤勉な―冷たい―決然とした―実際的な―慎重な

　また，刺激語の提示順序によっても全体の印象は異なってくる。リストの最初に提示された刺激語が印象に大きな影響をもつという初頭効果が見いだされている。以下のリストAとBは提示順序が異なるだけだが，肯定的な特性をは

＊1　行為者に対する対象者の認知に影響を与えようとする試み。たとえば，選挙の候補者がブルー系やグリーン系のスーツやネクタイで清潔感を強調したり，就職活動に際して学生が髪を短く整え，紺かグレーのスーツに身を包んで面接に臨み，テキパキとした応対を心がけて，相手の認知をより好意的なものにしようとすることなど。

表7-1 関連づけられることが多い相貌特徴と性格特性
（大橋ら，1976を一部改変）

群	相貌特徴	性格特性
第Ⅰ群	骨の細い，色の白い，顔の小さい 顔のきめの細かい，眉の細い，耳の小さい 鼻の穴の小さい，唇のうすい，口の小さい	消極的な 心のせまい 内向的な
第Ⅱ群	やせた，背の高い 面長の 鼻の高い	知的な
第Ⅲ群	背の低い，血色の悪い，額のせまい 目の細い，目の小さい，まつ毛の短い 鼻の低い，口もとのゆるんだ，歯ならびの悪い	責任感のない
第Ⅳ群	髪の毛のかたい，顔のきめの荒い 眉の逆ハの字型の，あがり目の ほおのこけた，かぎ鼻の	無分別な，短気な 感じの悪い，不親切な 親しみにくい
第Ⅴ群	髪の毛のやわらかい 眉のハの字型の，目のまるい ほおのふっくらした	感じのよい 親しみやすい 親切な
第Ⅵ群	血色のよい，額の広い，目の大きい まつ毛の長い，鼻のまっすぐな 口もとのひきしまった，歯ならびのよい	分別のある 責任感のある 外向的な
第Ⅶ群	太った 丸顔の さがり目の	心のひろい 気長な 知的でない
第Ⅷ群	骨太の，色の黒い，顔の大きい 眉の太い，耳の大きい 鼻の穴の大きい，唇の厚い，口の大きい	積極的な

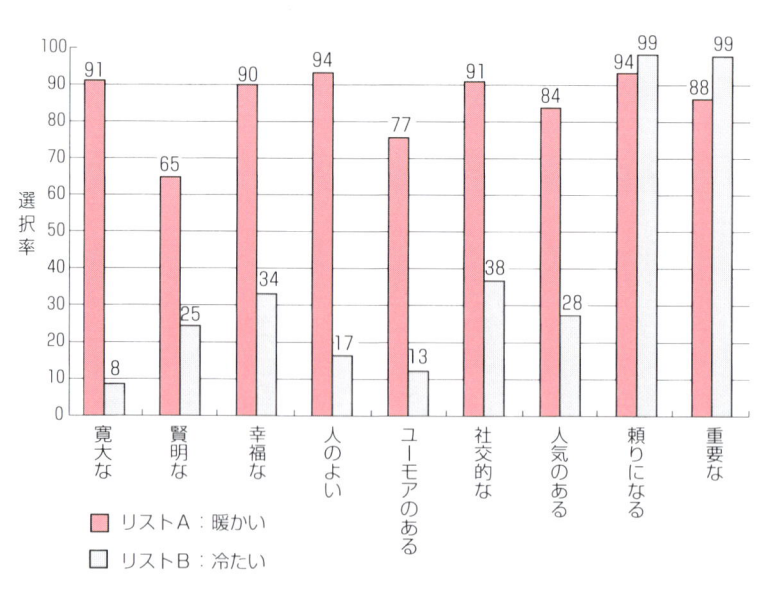

図7-1 リストA「暖かいをふくむ」とリストB「冷たいをふくむ」による印象のちがい（アッシュ，1946をもとに作図）

じめに示された場合（リストA）の方が，全体の印象ははるかによいものとなっている。

リストA：知的な―勤勉な―衝動的な―批判力のある―強情な―嫉妬深い
　　　B：嫉妬深い―強情な―批判力のある―衝動的な―勤勉な―知的な

写真を提示してその人の知能と性格を推定させ，それと実際のテスト結果を比較したのが図7-2である。これを見ると，性格はある程度推定可能だが，知能についてはほとんど推定できていないこと，推定された特性間に高い相関を示すハロー効果がはたらいていることがわかる。

(3) 対人認知を歪める要因

図7-2にもあるように対人認知は必ずしも正確になされるとはいえない。このように対人認知を歪める要因としては次のようなものがある（表7-2）。

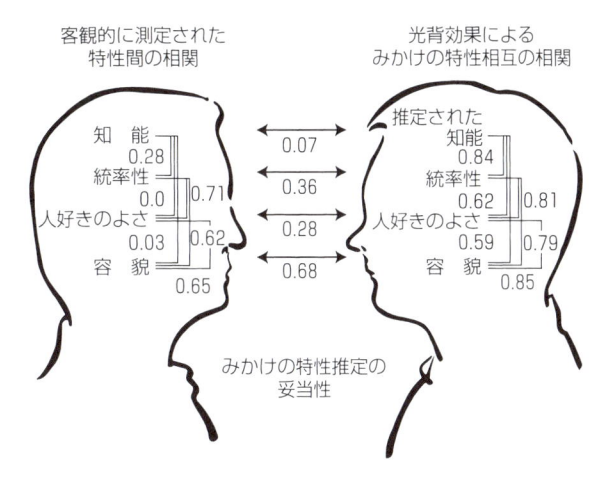

図7-2　対人認知の正確さ（吉田，1973）

表7-2　対人認知を歪める要因（ブルーナーとタギウリ，1954，セコード，1958より作表）

光背効果 （ハロー効果）	１つの面で良い（悪い）印象をもつと無関係な他の面も良く（悪く）認知する傾向。あばた（欠点）がえくぼ（長所）に見えたり，「坊主憎けりゃ袈裟まで憎い」と，いったん嫌いになるとその人にかかわるすべてに否定的評価を下すようになったりする。身体的魅力が高い人物評価に結びつくのはこのため。
論理的過誤	個人的な経験から一般化してAという特性はBという特性をともなうとみる。「頑固な人」は「気が短い」と決めつけることなど。
寛大効果	好ましい特性は過大に，好ましくない特性は過小に評価する傾向。
時間的拡張	たまたま怒っているところを見て「怒りっぽい人」と判断するなど，他者の一時的特徴を永続的な特徴だと判断すること。
よく知っている人 からの一般化	よく知っている人と似た風貌や行動のもち主に対して，その他の面でも似ていると推測すること。

2　対人魅力

人はどのようなことで人を好きになり，親密な関係を築いていくのかについて，心理学の領域では1960年代以降さかんに研究されるようになった。関係の進展の過程に沿って各要因を確認していくことにしよう（図7-3）。

(1) 近　接　性

フェスティンガーら(1963)が大学の宿舎の居住者に，入居後友人になった人をあげてもらったところ，部屋が近い相手ほど選択されやすいという結果が得られた（図7-4）。

「席が近い」「家が近い」人と親しくなった経験は少なくないはずだ。近い距離に存在するほど，顔を合わせる機会も多く，なんらかのかかわりが自然に生じやすいからである。

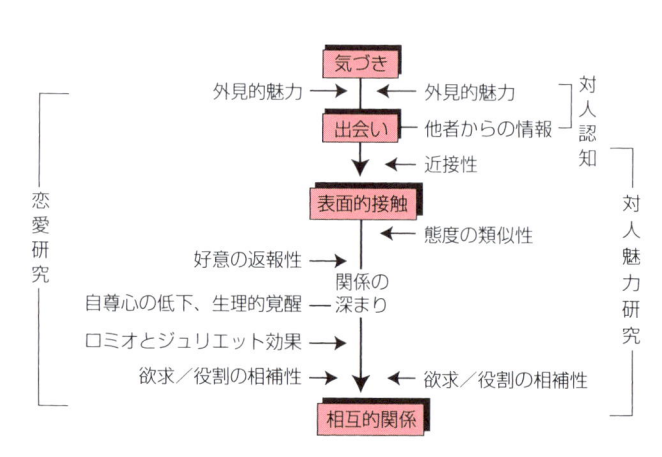

図7-3 対人関係の発展モデル（松井，1993を参考に作成）

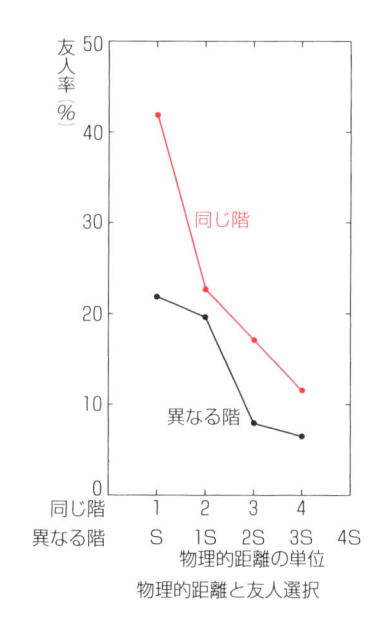

図7-4 住宅間の距離と友人形成（フェスティンガーら，1963）

またザイアンス（1968）は，相互作用がなくても接触回数が多くなるだけで相手に対する好意が増すという単純接触効果説を唱えた[*2]。見慣れるうちに親近感が増すというものだが，第一印象が悪い場合には逆効果であることも指摘されている。

(2) 態度の類似性

「類は友を呼ぶ」というように昔から似た者同士は親しくなりやすいといわれてきた。趣味が似ている，価値観／考え方が一致している人と親しくなった人はどのくらいいるだろう？ 知りあった2人の関係がさらに深まるうえで，態度の類似性に着目した研究は少なくない。ニューカムの大学の寮での研究（1961）では，学生たちは日が経つにつれ態度や価値観が似ていると思われる人と友人になりやすいことが示された。また，バーンとネルソン（1965）は，態度の類似性の程度が高いほど相手への魅力が高くなることを実験的に明らかにした（図7-5）。

態度の類似，価値観／考え方の一致は，①共同活動の基礎となる，②自分の正しさの保証となる（社会的現実[*3]），③コミュニケーションが容易である，④相手からの好意を予測できるといった理由で，相手への魅力に結びつきやすい

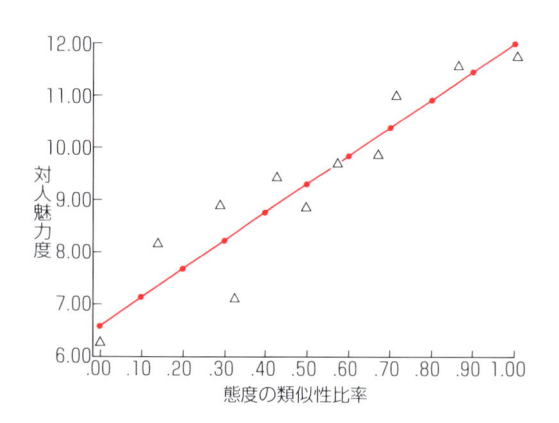

図7-5 態度の類似性と対人魅力度（バーンとネルソン，1965）

---

*2 特定の刺激にくりかえし視覚的に接触するだけでその刺激への好意が増加するということ。ザイアンス（1968）は，この効果が人物の顔写真だけでなく図形や無意味綴りなどの刺激についても起こることを見いだした。

*3 意見や態度の妥当性を判断する客観的・物理的基準がない／利用できない場合，周囲の他者の意見や態度と一致しているとその意見・態度は正しく適切だと感じる。このようにして認識された現実を社会的現実という。

と考えられる。

(3) 欲求の相補性

　類似性とは逆に自分とはまったく異なった部分をもっている相手に惹かれることもある。たんにちがっているだけでなく，互いに自分に欠けたものを補いあうことは，関係が深まるほど必要になってくる。ウインチ（1958）は，25組の新婚カップルについて夫と妻から44個の欲求の強さを調査した。その結果，夫婦の欲求の全組み合わせ388通りのうち256通りは相補性を支持する組み合わせであったことから，配偶者選択の場合の欲求の相補性の重要性を指摘している。

3　人に影響を与える──説得と態度変容

(1) 説　得　と　は

　友だちを誘って街に出ると，繁華街は来週の投票日を控えて選挙運動のまっさかりで各陣営が投票を呼びかけていた。ウインドウショッピングのつもりが，店員さんに「試着だけでも」と言われてワンピースを買ってしまった。このように私たちは，友人を誘ったり，投票を呼びかけられたり，商品を買わされたりと，人に影響を与えて動かしたり，逆に動かされたりしながら生活している。

ブレイク

たかが印象，されど印象

　第一印象は決して正確だとはいえないが，そのはたらきは無視できない。いったん悪い印象をもたれると，相手はそれ以上の接触を避けようとするため，「中身で勝負する」機会が与えられない。さらに，人は相手に対してもった印象に応じた態度で接するため，そのことが相手の行動そのものに影響する場合もある。その好例が「ピグマリオン効果」（ローゼンサールとヤコブソン，1968）である（図7-6）。これは，自分が彫った彫刻に真剣な期待・愛情を注いだ結果，その彫刻に生命が宿ったというギリシャ神話の主人公ピグマリオンにちなんで名づけられたもの。

　実験は以下のようなものである。小学校1～5年生全員と入学前の幼稚園児たちのなかからある知能検査の結果に基づいて「将来の伸びが期待できる」児童が選ばれ，教師に告げられた。8カ月後の再検査でそれらの児童は顕著な知的能力の伸びを示した。実際は無作為に選ばれたにもかかわらず，このような結果が生じたのは，教師が「知的能力の伸びが期待できる」という情報に基づいてそれらの児童に期待をもって特別の態度で接していたからであろうと解釈され，教師期待効果ともいわれた。このようなプラスの期待は望ましい結果を生むが，逆に教師がマイナスの期待「この子はどうせ駄目になる」をもった場合の危険性は十分認識しておく必要がある。

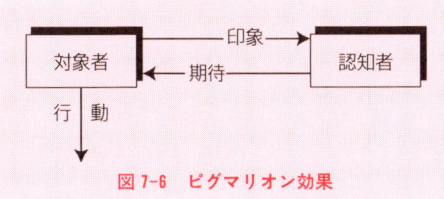

図7-6　ピグマリオン効果

このような他者の態度や行動を自分の思うように変化させようとするはたらきかけを説得という。

(2) 説得と態度変容

説得による態度変容は，説得を行う送り手の要因，メッセージの要因，受け手の要因が相互に関連しあって生じる（図7-7）。

1）送り手の要因　同じ内容のメッセージであっても，送り手がその内容とかかわりのある専門性を備えている人である場合，人間的に信頼できる人である場合，（受け手にとって）魅力的な人である場合，態度変容は生じやすい。

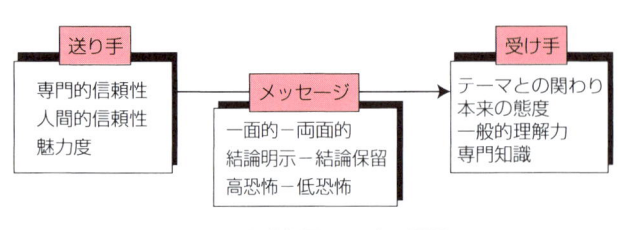

送り手：専門的信頼性／人間的信頼性／魅力度
メッセージ：一面的－両面的／結論明示－結論保留／高恐怖－低恐怖
受け手：テーマとの関わり／本来の態度／一般的理解力／専門知識

図7-7　説得効果にかかわる要因

参考　ハイダーのバランス理論

ハイダー（1958）は，自分P，他者O，対象Xとの三者の関係についてバランス理論を提唱した。ハイダーはP－O，P－X，O－Xの間の好悪関係を好き（プラス）と嫌い（マイナス）で表わし，3つの符号の積がプラスの場合はその状態はバランスで心理的に安定し，マイナスの場合はインバランスで心理的に不安定になるとした。たとえば，自分P，他者Oがプロ野球チームXを好きな場合，P－X，O－Xは共にプラスであり，自分Pと他者Oの関係がプラスのときに全体はバランス状態になって心理的に安定する。もし，自分が好きなチームXを友人Oが好きでない場合，3つの符号の積はマイナスでこの状態はインバランスとなる。インバランスは不快で心理的に不安定なためにバランスを回復しようとして，いずれかの符号を変化させる。自分がチームXを嫌いになる，友人OがチームXを好きになる，または自分がOを嫌いになるのいずれかによってバランスを回復しようとする（図7-8）。このようにバランス理論は対人魅力，対人認知，態度変容などを説明することができる。

バランス：チームX－自分（好き）＋－友人（好き）＋（好き）　＊安定＊
イン・バランス：チームX　b(-)　a(+)　自分－友人　＊不安定＊　c(-)
a：友人がチームXを好きになる
b：自分がチームXを嫌いになる
c：自分が友人を嫌いになる
→a，b，cのいずれかでバランスを回復しようとする

図7-8　バランスとインバランス

＊4　態度とは，社会的な事物や事象などに対して経験的につくりあげられるもので，認知，感情，行動の3つの成分からなっている。この3成分は相互に関連しあっている。
態度——認知的成分：対象についての意見や信念
　　　——感情的成分：対象についての感情や評価
　　　——行動的成分：対象に関して「～したい」といった行為傾向

＊5　単位関係：ハイダーは二者の間に存在する関係として好悪関係のほかに単位関係を想定した。単位関係とはひとまとまりとして見ることのできる関係のことで，二者の間に類似，近接，因果，所有などの関係があると符号はプラスとなるとした。

＊6　バランス理論については，関係をプラス－マイナスとあまりに単純化しすぎていること，三者関係でも三角関係の場合のようにあてはまらない場合があること，三者以上の関係には適用できないことなどの限界が指摘されている。

2）メッセージの要因　メッセージの構成により説得効果は異なる。説得方向の内容だけが述べられる「一面的コミュニケーション」と反対方向の内容もふくむ「両面的コミュニケーション」[*7]のどちらが効果的であるかは、受け手の本来の態度や教育程度（理解力）によって異なってくる。結論を明示するか、保留するかについても教育程度との関連が指摘されている。

またメッセージを提示する際に脅かして恐怖をひき起こすことの効果については相反する2つの説をめぐって多くの研究が行われてきた。最近では、恐怖と説得効果の関係は逆U字関係にあること（図7-9）、恐怖とともに具体的な解決方法を提示したメッセージは大きな態度変容をもたらすことが明らかにされてきている。

3）受け手の要因　説得効果に影響する受け手の側の要因としては、テーマとのかかわりの程度（関与度、関心度）、テーマに関しての元々の態度、テーマに関する専門知識の程度、一般的理解力

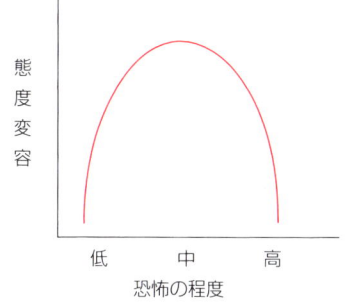

図7-9　恐怖の程度と態度変容

ブレイク

恋　愛

＜友情と恋愛　どこがちがう？＞

「ずっと友だちでいましょう」は、体のよい断わり文句である。デーヴィス（1985）は、恋愛感情は、好意的な評価、信頼や尊敬、類似性の認知などという友人への好意の構成要素に加えて、愛着、独占欲、性愛、世話（〜してあげたい）などが加わった複雑なものであると述べている。

＜恋愛の規定因　好きになった理由は？＞

恋愛感情が生じたり、さらに強くなったりする要因としては、以下のようなものがあげられている。

好意の返報性　相手から好かれていることを知ったり、告白されたりすることで相手に惹かれるようになったというもの。

相手の望ましい特徴　相手が身体的魅力をもっていたり、内面的特徴が望ましかったりするため惹かれるようになったというもの。「一目惚れ」はその典型。

生理的興奮　なんらかの理由で生理的に興奮している場合、その理由を相手に強く惹かれているせいだと考えるというもの。ダットンら（1974）は、危険な吊り橋を渡って恐怖のために興奮している場合、直後に出会った異性に恋愛感情を抱きやすいことを示した。つきあいはじめた頃に乗る絶叫マシーンは効果的なのである。

自尊心の低下　落ち込んだり、ショックを受けたりしたときに出会った相手を好きになりやすいというもの。

ロミオとジュリエット効果　親の反対など障害があればあるほど恋愛感情が高まるということ。

最少関心の原理　その関係にあまり関心をもたない人の方が関係を支配するということで、「惚れたが負け」ということ。その関係により多くの関心をもつ人は、相手を失いたくないために相手の要求に従わざるをえなくなるからである。

[*7]　受け手の本来の態度が説得方向と同じである場合、教育程度（理解力）が低い場合には「一面的コミュニケーション」が、受け手の態度が説得方向と逆の場合、教育程度が高い場合には、「両面的コミュニケーション」が効果的である。

4）態度変容と手がかり――中心ルートと周辺ルート[*8]　説得によって起こる態度変容には，メッセージの内容を手がかりにした中心ルートによるものと，送り手の信頼性，専門性，送り手への魅力など周辺的な手がかりに基づいた周辺ルートによるものがある。周辺ルートによる態度変容は持続性に乏しいことが指摘されている（ペティとカチオッポ，1986）。

　また，説得は必ずしも成功するとは限らず，送り手の意図と逆方向への変化が生じることもある。[*9]

参 考
説得のテクニック

　私たちは日頃多くの説得的コミュニケーションにさらされている。商品のセールス，種々の団体への勧誘などのなかには，心理学的な知見を悪用したものもある。悪質な説得から身を守るためにも説得のテクニックを知っておくことは重要である。

フット・イン・ザ・ドア　テクニック　図7-10が示すように，いきなりだと断わられるような依頼でも，小さな依頼から段階をふんで徐々に大きな依頼をしていくと了承されやすい。セールスマンが「ちょっとドアの中に片足を入れさせてもらい」，「話だけ聞いてもらい」，「商品を見るだけ見てもらい」と小さな依頼を重ねて最後は契約にもっていくことから命名された（フリードマンとフレーザー，1966）。

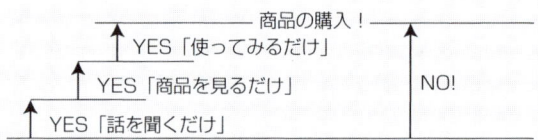

図7-10　フット・イン・ザ・ドア　テクニック

ドア・イン・ザ・フェイス　テクニック　はじめに大きな依頼をして断わられた後に小さな依頼をすると，はじめから小さな依頼をした場合より引き受けてもらいやすいというもの。相手の譲歩（の見せかけ）へのお返しとして，こちらの譲歩―説得―が可能になるというもの（図7-11）。

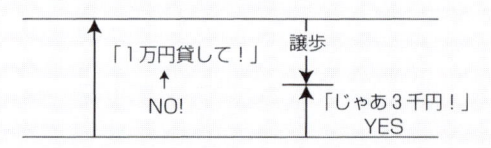

図7-11　ドア・イン・ザ・フェイス　テクニック

　このほか，**好意の返報性**（親切にされると相手に好意をもつようになり，言うことをききやすい），**専門性**（専門家には説得されやすい），**大衆性**（有名な人には説得されやすい），**稀少性**（これが最後の商品，今年最後の機会などと稀少性を強調されると説得されやすい）などを利用したさまざまな説得的コミュニケーションが世のなかにはあふれている。

---

*8　中心ルートと周辺ルートと受け手の特性：受け手のテーマへのかかわりが深く，一般的な理解力や専門的な知識をもっている場合は中心ルート，テーマへのかかわりが少なく，理解力や専門知識に乏しい場合には周辺ルートを用いた判断が行われ，態度変容が生じる。

*9　ブーメラン効果：送り手への反発，メッセージ内容の強引さなどによって起こる逆方向への変化をブーメラン効果という。

4 人を助ける──援助行動

(1) 援助行動とは

大学生Aさんは，ある朝出がけにアパートの隣室の「郵便受けからはみだしていた新聞をきちんと入れ直し」，通学の電車では前に立っている「高校生の荷物を持って」あげ，講義が始まったら，遅刻した友人のために「プリントをもらって」あげた。このような「他者の身体的・心理的幸福のことを配慮し，ある程度の出費を覚悟して，自由意思から，彼等に恩恵を施すために行う行動」を向社会的行動という（高木，1988）。広義の援助行動はこれに，見返りを期待しての援助「自己中心的援助行動」をふくめたものだが，ここでは向社会的行動＝狭義の援助行動としてとり扱う。[10]

(2) 援助行動の促進‒抑制要因

心理学の領域で援助行動の研究がさかんになった契機はある痛ましい事件である。[11] 以後，援助行動を促進または抑制する要因についてのさまざまな検討が行われ，1980年代以降はこれらの要因を統合的にとらえ，援助行動の意思決定過程を明らかにしようとする研究が増加した（図7-12）。

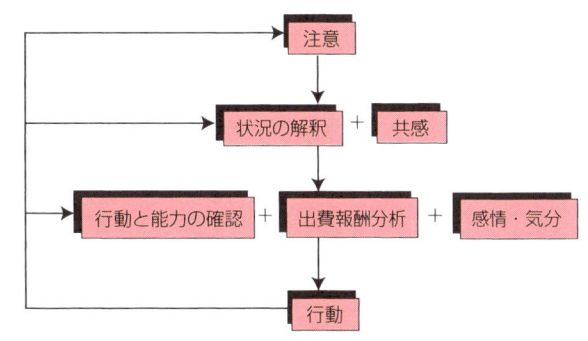

図7-12 援助行動の心理的な意思決定モデル（高木，1985より作成）

1）個人要因

①パーソナリティと援助行動　ひとくちに援助行動といっても命にかかわる緊急的なものから，席を譲る，募金など実にさまざまである。したがって，どのようなパーソナリティの持ち主が援助行動を行いやすいかということは，援助行動のタイプによって異なっている。[12]

②気分と援助行動　気分が良いときや，罪意識をいだいているときには援助行動を行いやすい。「幸せのおすそわけ」「せめてもの罪ほろぼし」としての援助行動である。

2）状況要因

①援助にともなう損失（時間，金銭，安全など）　援助にともなう損失によって援助行動は抑制される。時間的な切迫は援助行動を抑制する。また，身の危険がともなったり，お金が多くかかることが予想される援助は生じにくい。

②状況の曖昧さ/明確さ　喜んでくれるかどうか確信がもてないと高齢者

---

[10] 援助行動の分類

```
            ┌ 自己中心的行動
援助行動 ─┤                 ┌ 愛他的行動 ─┬ 緊急的援助
            └ 向社会的行動 ─┤              └ 非緊急的援助
                              └ 賠償的行動 ─┬ 互恵的援助
                                             └ 補償的援助
```

[11] キティ・ジェノヴィーズ事件：1964年ニューヨーク郊外で，キティ・ジェノヴィーズという若い女性が38人もの近隣者が目撃しているなかで暴漢に襲われ殺された事件。彼女が最初に悲鳴をあげてから殺されるまでの30分の間に，誰一人として助けにでることも警察に通報することもなかったことが後々さまざまな論議をよんだ。

[12] パーソナリティと援助行動：アルバイトを紹介するなどの紹介・勧誘型，一緒に何かにつきあうといった同調型の援助は社会的外向性の高い人がよく行い，自己顕示性の高い人は行わない。また，荷物をもってあげるといった小さな親切型の援助は共感性の高い人がよく行う（原田，1990）。

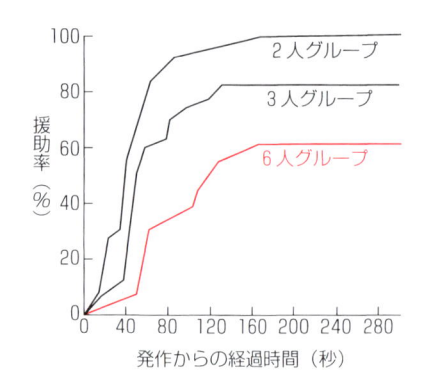

図 7-13　グループの人数と援助行動の生起率
（ダーリーとラタネ，1968）

に席を譲ることに躊躇するというように，援助の必要性があいまいな場合には援助行動は生じにくい。さらにそこに他者が存在する場合は，互いに牽制しあう（評価懸念）[*13]。逆に，適切な援助行動のモデルが示されたり，顔見知りで援助の必要性について話しあえたり，責任をもって判断を下すリーダーがいる場合は援助行動は促進される。

③**責任の分散**　キティ・ジェノヴィーズ事件で，人々は警察への通報というそれほど損失の大きくない援助すら行わなかったことについて，ダーリーとラタネ（1968）は，多数の他者の存在が「誰かがやるだろう」「自分がしなくても」といったかたちで援助への責任を分散させたからだと考え，それを示す実験を行った（図7-13）。

インターフォンを通じての討議場面で突然発作を起こして苦しむ声が聞こえた際に，参加者が実験者にそのことを知らせるという援助行動をとるまでの時間について調べた。討議に参加した人数が多くなるほど援助行動が生じにくくなることが示された。

(3) 援助を受けることの否定的な意味

最近の援助行動研究は被援助者にも焦点をあてて統合的にとらえる方向に進んでいる。援助を受けることは場合によっては「人より劣っている」「弱者である」という否定的な意味をもつ。援助を受ける際に否定的なコメントを与えられた場合，特に自尊心の高い被験者はその後の課題では援助を受けようとしないことや，また後にお返しをする可能性が低い状況下では援助要請がなされにくいことなどが報告されている。

(4) ソーシャルサポート

ソーシャルサポートとは，援助行動を受け手の側からとらえたものといえる。ソーシャルサポートは，金銭，物，情報など直接問題解決に役立つ資源を提供する道具的サポートと，愛情や関心，親密性を示すことで相手の自尊心を高め自ら問題解決にあたれるようにする情緒的サポートに分類される（浦，1992）。このようなサポートを提供してくれる親密な人間関係の有無の認知が健康状態と強く結びついていることは70年代以降多く指摘されてきた。その理由として，コーエンら（1985）はストレス研究の枠組みから，ソーシャルサポートがある（と認知している）と，出来事をストレスフルなものと評価することが少なくなり，またストレスフルな出来事に対してもよりよく対処することができ

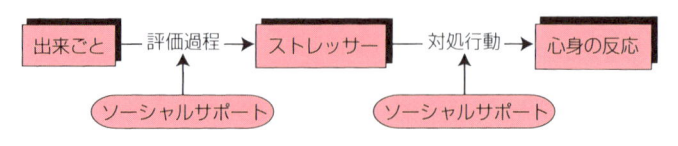

図 7-14　ストレスとソーシャルサポート（コーエンら，1985，浦，1992を改訂）

出来ごと →評価過程→ ストレッサー →対処行動→ 心身の反応
　　　　　　↑　　　　　　　　　　　　↑
　　　ソーシャルサポート　　　　　ソーシャルサポート

---

*13　他者が存在すると自分の行動がどう評価されるかを気にして，行動を起こすのを躊躇すること。結果として援助行動が抑制されて傍観者効果が生じる。

るようになるからであると述べている（図7-14）。

5　人を攻撃する——攻撃行動

(1)　攻撃行動とは

　今こうしている瞬間にも地球上の何箇所かでは地域紛争が続き，人々が殺傷しあっている。殺人，爆弾テロ，通り魔など過激で痛ましい事件の報道に接しない日はないといってもよい。また，身近な人間関係のなかでも喧嘩やいじめなどに遭遇することも少なくない。このように，「他者に対して不当に身体的あるいは精神的なダメージを与えたり，また与えようとして企てられた行動」を攻撃行動という。

(2)　攻撃行動の発生メカニズム

　攻撃行動がなぜ生じるかについては，内的衝動説，情動発散説[*14]，学習説などさまざまな立場から論じられている。ここでは，そのうち情動発散説，学習説について述べる。

　1）情動発散説　その1つは，人間は欲求不満によってひき起こされた攻撃動因によって行動する（ダラードら，1939）という欲求不満—攻撃説である（図7-15）。ひいきチームが負けた際に熱狂的なファンが大暴れしたりするのは好例である。これに対して，個人のなかに怒りを生むのは欲求不満に限らないこと，個人のなかに生じた怒り＜準備状態＞が実際の攻撃行動に結びつくには攻撃的な意味をもった手がかりが必要である（図7-16），というのが攻撃—手がかり説（バーコヴィッツとルパージュ，1967）[*15]である。

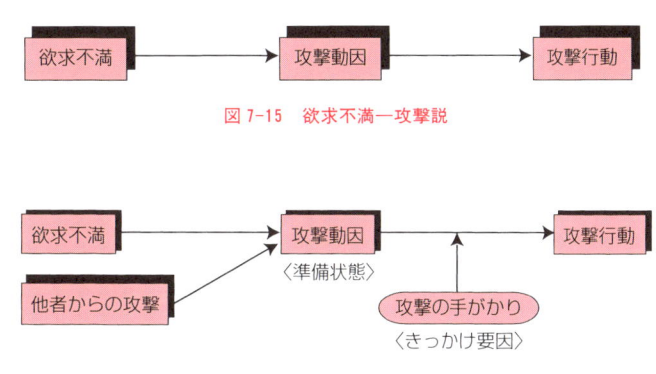

図7-15　欲求不満—攻撃説

図7-16　攻撃—手がかり説

　2）学習説　おもちゃを力づくで手に入れることに成功した子どもは，欲しいものを手にいれる手段として相手を攻撃することを学習する。これは道具的条件づけによる説明である。

　また，バンデューラら（1963）は社会的学習理論の立場から，攻撃的なモデルが観察者の攻撃行動を高めると考えて一連の実験を行った。ボボドールという大きなゴム製の人形を大人が虐待する場面を見せられた子どもは，同じような攻撃行動を示すようになること，モデルが実在の人物でも映像であっても示される攻撃行動に差がないこと，モデルが報酬を受けた場合さらに攻撃行動が促進されることなどが示されている。

　社会的学習理論の立場からは，テレビ，映画，ビデオなどにあふれる暴力的

[*14]　人間は他の動物と同様に，攻撃欲求を本能としてもっているとする立場である。しかし，攻撃行動の質や量の多様性を考えると人間の攻撃行動を本能衝動で説明するには無理があると考えられる。

[*15]　攻撃手がかりと攻撃：バーコヴィッツとルパージュ（1967）の実験では，事前に多くの電気ショックを与えられて怒らされた被験者の場合，攻撃の手がかり—拳銃やショットガン—が近くにあると相手に有意に多い攻撃を与えるという結果が得られた。

な映像が視聴者の攻撃行動を促進すると考えられる。直接的にテレビの暴力番組の視聴とその後の攻撃行動の関係をとり扱った研究も多い。図7-17に示すイーロンら（1974）が同一のサンプルを10年を経て2度調査した貴重な研究結果では，9歳時の暴力番組の視聴と19歳の折の攻撃的な行動に高い相関があることが示されている。暴力的な番組の視聴によって代理的に攻撃動因が低減し実際の攻撃行動は減少すると主張する人々もいるが，これらの研究結果をみると子ども時代に暴力的な映像にさらされることの危険性は無視できない。

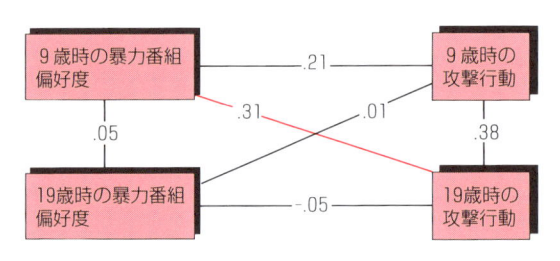

図7-17 暴力番組の偏好度と攻撃行動
（イーロンら，1974より作図）

【Further reading】

対人心理学の最前線　松井　豊（編）　1992　サイエンス社
　　日常の人間関係の多様な側面について日本の研究を中心に，人との結びつき，自分を示す，人を見るの三部構成で示したもの。
対人社会心理学重要研究集　斎藤　勇（編）　1987　誠信書房
　　対人魅力，援助行動，攻撃行動など本章でとりあげた対人行動についての基本的な理論と実証研究をわかりやすく紹介したもの。
人をひきつける心——対人魅力の社会心理学——　奥田秀宇　1997　サイエンス社
人を助ける心——援助行動の社会心理学——　高木　修　1998　サイエンス社
人を傷つける心——攻撃性の社会心理学——　大渕憲一　1993　サイエンス社
　　上記3点は，対人魅力，援助行動，攻撃行動についてのわが国の新進気鋭の研究者が，それぞれのテーマについての内外の最新の研究をまとめたもの。

演習

課題1　あなたの友人形成過程は？

あなたが大学に入ってから新しくできた友人を1人思いうかべてください。
その友人と親しくなった過程をふりかえってみましょう。
以下の質問について，あてはまる記号にいくつでも○をつけてください。

1. 知りあった場所は？
   a　演習や語学のクラス
   b　語学以外の授業
   c　入学直後のオリエンテーション
   d　寮，アパートなど
   e　通学の途中
   f　サークル
   g　アルバイト
   h　その他（　　　　）

2. 親しくなったきっかけは
   a　よく顔を合わせた
   b　なんとなく話すようになった
   c　声をかけた
   d　声をかけられた
   e　その他（　　　　）

3. 親しくなった理由は
   a　趣味が一致している
   b　考え方，価値観が一致している
   c　性格が似ている
   d　自分にはないものをもっている
   e　その他（　　　　）

表7-3に示すのは筆者が大学生298名に行った友人関係についてのアンケート結果の一部です。やや項目が異なりますし，代表性のあるデータでもありませんが，参考までに示しておきます。皆さんの場合と比較してみてください。

表7-3　友人と親しくなったきっかけ

親しくなったきっかけ	選択率
学籍番号が近い	64.8%
授業が一緒	52.3%
高校・予備校が一緒	25.2%
住居が近い	22.1%
同じサークル	20.5%
バイトが一緒	4.4%

【Further reading】
対人関係の心理学　大橋正夫・長田雅喜（編）　1987　有斐閣
対人心理学の最前線　松井　豊（編）　1992　サイエンス社
対人社会心理学重要研究集　斎藤　勇（編）　1987　誠信書房

課題2　LETS—2（Lee's Love Type Scale 2nd version）

まず「恋人や好きな人もしくは，家族以外であなたにとってもっとも親しい異性」についてうかがいます。

1　その人の年齢は何歳ですか。　　　　　歳
2　その人はあなたにとって下記のどの言葉に一番よくあてはまりますか。一つだけ○をつけて下さい。
　　1. 恋人　2. ボーイフレンド・ガールフレンド　3. 婚約者・配偶者
　　4. 片想い　5. 親友　6. 友だち　7. その他　8. あてはまる人はいない

第7章 人とのかかわり

次に，その人に対するあなたの気持ちや行動についてうかがいます。以下の彼（女）のところに「その人」をあてはめて，以下の文章にお答え下さい。

			よくあてはまる	少しあてはまる	どちらともいえない	あまりあてはまらない	まったくあてはまらない
エ	1	彼（女）と私は会うとすぐにお互いにひかれあった。	1	2	3	4	5
ア	2	彼（女）が苦しむくらいなら，私自身が苦しんだ方がましだ。	1	2	3	4	5
エ	3	彼（女）と私は，外見的にうまく釣り合っている。	1	2	3	4	5
ア	4	私自身の幸福よりも，彼（女）の幸福を優先しないと，私は幸福になれない。	1	2	3	4	5
マ	5	彼（女）が私を気にかけてくれないときは，私はすっかり気がめいってしまう。	1	2	3	4	5
ア	6	彼（女）の望みをかなえるためなら，私自身の望みはいつでも喜んで犠牲にできる。	1	2	3	4	5
マ	7	彼（女）が誰かほかの人とつきあっているのではないかと疑うと，私は落ち着いていられない。	1	2	3	4	5
エ	8	彼（女）と私は，お互いに結びついていると感じる。	1	2	3	4	5
エ	9	彼（女）と私はかなり早く，感情的にのめり込んでしまった。	1	2	3	4	5
マ	10	私は気がつくといつも彼（女）のことを考えている。	1	2	3	4	5
エ	11	彼（女）と私はお互いに，本当に理解しあっている。	1	2	3	4	5
マ	12	彼（女）が私以外の異性と楽しそうにしていると，気になって仕方がない。	1	2	3	4	5
エ	13	その人と一緒にいると恋愛小説の主人公になったような気がする。	1	2	3	4	5
ア	14	私は彼（女）と一緒なら，どんな貧乏な暮らしでも平気である。	1	2	3	4	5
マ	15	彼（女）は私だけのものであってほしい。	1	2	3	4	5
ア	16	私は彼（女）のためなら，死ぬことさえも恐れない。	1	2	3	4	5
マ	17	彼（女）にはいつも私のことだけを考えてほしい。	1	2	3	4	5
エ	18	彼（女）と一緒にいると，私たちが本当に愛しあっていることを実感する。	1	2	3	4	5
ア	19	私は彼（女）のためなら，できないこともできるようにしてみせる。	1	2	3	4	5
エ	20	彼（女）の外見は，私の好みにピッタリだ。	1	2	3	4	5
マ	21	彼（女）とケンカをすると，不安や心配でやつれてしまう。	1	2	3	4	5
マ	22	彼（女）からの愛情が，ほんのわずかでも欠けていると感じたときには，悩み苦しむ。	1	2	3	4	5
エ	23	彼（女）と一緒にいると夢の中にいるようだ。	1	2	3	4	5
マ	24	彼（女）のことを思うと，強い感情がつきあげてどうしようもない。	1	2	3	4	5
ア	25	どんなにつらくても私は彼（女）に対して，いつでもやさしくしてあげたい。	1	2	3	4	5
ア	26	たとえ彼（女）からまったく愛されなくなっても，私は彼（女）を愛していたい。	1	2	3	4	5
エ	27	彼（女）と私は，お互いに出会うために，この世に生まれてきたような気がする。	1	2	3	4	5
エ	28	彼（女）との愛を大切にしたいと気をつかっている。	1	2	3	4	5
エ	29	彼（女）といると甘くやさしい雰囲気になる。	1	2	3	4	5
ア	30	彼（女）のためなら私はどんなことでも我慢できる。	1	2	3	4	5

①回答の数値を点数とみなして，3尺度それぞれについて，記号のついた項目の合計得点（粗点）を算出します。項目の前の記号は以下の尺度を表わします。

エ：エロス　　マ：マニア　　ア：アガペ

②それぞれの得点（粗点）を46から減じて，尺度得点を算出します。

46－（エ，マ，アの項目の合計点）＝エロス，マニア，アガペの尺度得点

表7-4　リー（1974）の恋愛類型論における各類型の特徴（松井，1993）

名　称	特　徴
マニア （狂気的な愛）	独占欲が強い。嫉妬，悲哀などの激しい感情をともなう。
エロス （美への愛）	恋愛を至上のものと考え，ロマンティックな考えや行動をとる。相手の外見を重視し，強烈な一目惚れを起こす。
アガペ （愛他的な愛）	相手の利益だけを考え，相手のために自分自身を犠牲にすることもいとわない。
ストーゲイ （友愛的な愛）	穏やかな，友情的な恋愛，長い時間をかけて愛が育まれる。
プラグマ （実利的な愛）	恋愛を地位の上昇などの手段と考えている。相手の選択において，社会的な地位のつりあいなど，いろいろな規準を立てている。
ルダス （遊びの愛）	恋愛をゲームととらえ，楽しむことを大切に考える。相手に執着せず，相手との距離をとっておこうとする。複数の相手と恋愛できる。

リー（1974）は，恋愛の型として，エロス，マニア，アガペのほかに，ストーゲイ，プラグマ，ルダスの3類型をふくむ全部で6つの類型を想定しています。表7-4はそれぞれの特徴を示したものです。

表7-5　性別にみたマニア，アガペ，エロスの得点（松井ら，1990）

型		人数	平均値（標準偏差）	有意差
エロス（美への愛）	男	365	18.16 (7.43)	
	女	340	17.12 (8.16)	
アガペ（愛他的な愛）	男	368	19.30 (7.88)	$p < .01$
	女	342	17.65 (8.05)	
マニア（狂気的な愛）	男	367	20.22 (8.76)	
	女	338	19.36 (9.21)	

松井（1993）はこのなかで，マニア，アガペ，エロスの3つの型が青年の恋愛で基本的で中心的な態度だとしています。表6-5にこの3つの尺度の得点を男女別に示します。あなたの得点と比較してみましょう。

松井らの結果ではアガペに男女差がでていますが，同じ尺度を用いた他の研究結果では必ずしもそうはなっていません。調査対象者が日本の青年男女を代表しているわけではないのであくまで参考資料としてとり扱ってください。

Further reading にあげている『恋ごころの科学』にはLETS-2の完全版が掲載されています。興味のある人は，残りのストーゲイ，プラグマ，ルダスについても測定してみましょう。

【Further reading】
恋ごころの科学　松井　豊　1993　サイエンス社
親密な対人関係の科学　大坊郁夫・奥田秀宇（編）　1996　誠信書房

課題3　KiSS-18（Kikuchi's Social Skill Scale 18項目版）

本章で取り扱ってきたさまざまな対人行動をより効果的に行ったり（対人関係の形成と発展，援助，説得），抑制したり（攻撃）するには，一定のスキルが必要です。このように人間関係を社会的スキルという観点から具体的なレベルでとらえなおし，ひとつひとつの場面について役割演技などをとりいれたトレーニングを通してスキルの向上をめざすアプローチが盛んになってきました。

菊地（1988）は社会的スキルを「対人関係を円滑に進める具体的行動」と定義し、自転車乗りが訓練によってできるようになるように、対人関係における行動も学習によって可能になるととらえられる点を強調しています。社会的スキルの測定には、自己評定法、役割演技法、面接法、自然観察法、他者評定法などが用いられていますが、ここではもっとも簡便な自己評定法のひとつを体験してみましょう。

以下の文章を読んで、自分にどれだけあてはまるか答えてください。5：いつもそうだ〜1：いつもそうでないのうちあてはまる番号を○で囲んでください。

		いつもそうだ	たまにそうだ	どちらともいえない	あまりそうでない	いつもそうでない
1	他人と話していて、あまり会話が途切れないほうですか。	5	4	3	2	1
2	他人にやってもらいたいことを、うまく指示することができますか。	5	4	3	2	1
3	他人を助けることを、上手にやれますか。	5	4	3	2	1
4	相手が怒っているときに、うまくなだめることができますか。	5	4	3	2	1
5	知らない人でも、すぐに会話が始められますか。	5	4	3	2	1
6	まわりの人たちとの間でトラブルが起きても、それを上手に処理できますか。	5	4	3	2	1
7	こわさや恐ろしさを感じたときに、それをうまく処理できますか。	5	4	3	2	1
8	気まずいことがあった相手と、上手に和解できますか。	5	4	3	2	1
9	仕事をするときに、何をどうやったらよいか決められますか。	5	4	3	2	1
10	他人が話をしているところに、気軽に参加できますか。	5	4	3	2	1
11	相手から非難されたときにも、それをうまく片づけることができますか。	5	4	3	2	1
12	仕事のうえで、どこに問題があるのかすぐにみつけることができますか。	5	4	3	2	1
13	自分の感情や気持ちを素直に表現できますか。	5	4	3	2	1
14	あちこちから矛盾した話が伝わってきても、うまく処理できますか。	5	4	3	2	1
15	初対面の人に、自己紹介が上手にできますか。	5	4	3	2	1
16	何か失敗したときに、すぐに謝ることができますか。	5	4	3	2	1
17	まわりの人たちが自分とはちがった考えをもっていても、うまくやっていけますか。	5	4	3	2	1
18	仕事の目標を立てるのに、あまり困難を感じない方ですか。	5	4	3	2	1

回答が終わったら、全項目の合計点を算出してください。

表7-6は菊池（1988）による教師、大学生、高校生の得点の平均点を示したものです。あなたの得点と較べてみましょう。

この尺度は、菊池（1988）がゴールドシュタインら（1980）が若者のための社会的スキルとしてあげた6種類50項目のリストをもとに、できるだけ簡便にできるようにと作成したものです。6種類とは、初歩的なスキル（5, 10, 15）、高度なスキル（1, 2, 3）、感情処理のスキル（4, 7, 13）、攻撃にかかわるスキル（6, 8, 16）、ストレスを処理するスキル（11, 14, 17）、計画のスキル（9, 12, 18）です。各3項目ずつで、18項目になっています。

表7-6 KISS-18の平封均値（菊池, 1988）

サンプル		人数	平均	（標準偏差）
教師	男	45	61.82	(9.41)
大学生	男	83	56.40	(9.64)
	女	121	58.35	(9.02)
短大生	女	112	56.81	(7.01)
高校生	男	106	53.98	(7.45)
	女	57	53.47	(9.06)

【Further reading】
社会的スキルの心理学 菊池章夫・堀毛一也 1994 川島書店
人間関係のルールとスキル M.アーガイル・M.ヘンダーソン 吉森 護編訳 1992 北大路書房
思いやりの人間関係スキル R.ネルソン＝ジョーンズ 相川 充訳 1993 誠信書房

第8章　集団のなかでの私──「集団のなかの個人」と「個人のなかの集団」──

　私たちはたくさんの「顔」をもっている。朝起きてから夜寝るまでの一日をふりかえってみよう。朝起きて家族と朝食をとる（子どもの私）。学校に向かう途中で友だちに会いおしゃべりしながら大学に到着する（気さくな若者の私）。心理学の講義を受ける（まじめな学生の私）。お昼は友だちと食堂ですます（楽しげな学生の私）。午後の授業が終わるとサークルが待っている（怖い先輩の私）。時にはアルバイトをしたり（よく働く社会人の私），友だちとカラオケに行ったりする（自己開放的な私）。そして，家に帰って家族と団欒しながらテレビで日本チームを応援する（日本人の私）。そのあと自室に戻り一日が終わる（個人の私）。

　このように私たちは一日の大部分を，家族集団，仲間集団，学生集団，サークル，職場など多くの集団のなかで過ごしていることに気づくであろう。そして，今どの集団のなかにいるかで，私たちの「顔」と「表情」が実に多様に変わることにも気づくであろう。

　本章では，私たちの日常行動に大きな影響を及ぼしている集団について概説する。まず，集団の特徴について説明する。次に集団の影響の一例として集団の意思決定過程に及ぼす集団効果について説明し，さらに良い集団と悪い集団の決め手となるリーダーシップについて紹介する。最後に，集団間葛藤の原因と解決についてとりあげる。

1　集団の特徴

　人々の集まりが集団とよばれるためには[*1]，2人以上の人間の集まりで，人々の間に相互作用があり，人々が相互依存していることが必要である。そして人々が自分は集団の一員であることを意識していることが必要である。さらには，成員間の地位・役割の分化，共通の目標，集団規範，集団への愛着などがそなわってくると集団らしさが増してくる。ここでは，集団の特徴のなかから，集団規範と集団への愛着（集団凝集性）の2つをとりあげて説明する。

(1) 集団規範[*2]

　集団に参加してまず気をつかうことは，この集団ではどのようにふるまうことが普通なのかを見抜くことであろう。その集団で普通とされない行動や判断をすると，他の成員から嘲笑や無視などの批判的信号を与えられ，成員として受け入れてもらえない。その集団で適切な行動とされる標準を集団規範とよぶ。集団規範を体得してはじめてその集団の成員らしさを獲得していくのである。

---

*1　単なる人々の集まりを集合といい，そのなかで一定の場所にいる人々を群集という。たとえば，バス停で待つ人々は群集である。人々の間に相互作用があり，所属意識があり，相互依存している場合に集団とよぶ。
*2　集団成員に共有されているしきたり，ルール，暗黙の了解事項を集団規範とよぶ。

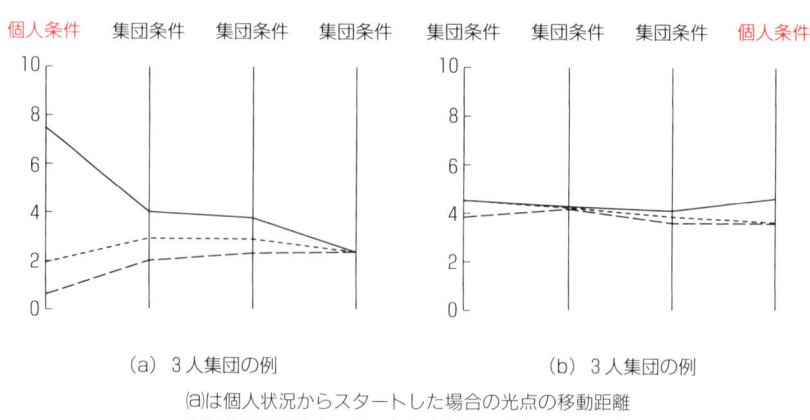

|個人条件|集団条件|集団条件|集団条件|集団条件|集団条件|集団条件|個人条件|

(a) 3人集団の例　　　　　　　　(b) 3人集団の例

ⓐは個人状況からスタートした場合の光点の移動距離
ⓑは集団状況からスタートした場合の光点の移動距離

図 8-1　報告された光点の移動距離の収斂と持続（シェリフ，1936）

シェリフ（1936）は，光点の自動運動現象を利用して，成員の相互作用のなかから生まれた集団規範が根強く成員に影響を及ぼすことを明らかにした（図8-1）。光点の自動運動現象とは暗室などで静止している光点を見ると，止まっているはずの光が動いて見える錯視である。彼は3人の被験者を暗室に入れ，静止光点を示し，光がどれくらい動いたかお互いに報告させた。すると，最初は3人バラバラだった光の移動値が次第にある値に収束してきた。光点の移動についての判断に関する集団規範が形成されたのである。次に，3人を別々に暗室に入れ，静止光点を示し，光がどれくらい動いたか報告させた。その結果，集団で形成された判断値が単独試行のときにも維持されることがわかった。集団規範は私たちがお互いの行動を横目で見ながら観察しあうことにより形成され，いったん形成された規範は集団を離れた個人にも影響を与えつづけたのである。[*3] 社風，校風といった集団の伝統がつくられると，それが成員の行動を見えないかたちで統制するようになる。

(2) 集団凝集性

所属している集団について一言で表現するとき，ほとんどの人が「まとまりの良し悪し」に言及するであろう。仲良しグループでクリスマス・パーティーの計画を話しているときのように，まとまりの良い集団では，成員は集団内の人間関係や集団でする活動内容や集団目標に対して魅力を感じている。集団に魅力を感じていれば集団への定着もよく，集団の統制力も強く，成員同士の結びつきも強く，成員の精神的安定度も高い。このような集団の魅力を集団の凝集性とよぶ。集団の凝集性を高めるためには，一般に，①集団成員や集団活動や集団目標への魅力を高めたり，②集団所属の手段的魅力を高めたり，③外的な脅威をつくったりする。

集団凝集性を高めると良い結果がもたらされることが多い。反面，問題点も明らかにされている。その1つは，「なまけるな，しかし，やりすぎるな」という生産制限規範のある集団の場合には，集団凝集性が高いほど集団の生産性

---

*3　同調行動：集団規範や他の成員の期待に従うことを同調という。アッシュの研究によると私たちは3～4人ぐらいからの全員一致した圧力があるときに同調率が高い。

が悪くなることである。また，集団の意思決定を悪くする要因に高い集団凝集性が関与している。これについては次節で紹介する。

2　集団の意思決定

　何か問題が起こり，それが重要であればあるほど集団で解決しようとする傾向が強い。そこには個人で決めるよりは集団で決めた方が良い結果をもたらすという信念がはたらいている。確かに，個人で問題を解決するよりは集団で問題を討議した方が良い解決に達することが多い（デーヴィス，1969）。ただし，そのためには十分な時間と集団を動員する資力が必要である。時間と資力がなかったら個人にまかせた方が効率的な場合もでてくる。いくつかの集団現象が集団の意思決定に影響を及ぼすことが指摘されている。ここではそのなかから，集団の成極化現象と集団思考について説明する。

(1)　集団の成極化現象

　産業廃棄物場が近くにできるという話を聞いて「これは困った。どうしよう」という程度の考えで集まった人々が話しあいの結果，絶対反対・実力阻止の決議をするように，集団で話しあう前の個々人の平均的意見よりも集団で話しあった後の集団の結論の方が極端な意見へとエスカレートしていくことがある。事実，個人で結論をだした場合と集団で結論をだした場合を比較した研究によると，集団の話しあいは，もともとあった成員の意見の傾向を強めるという集団成極化効果を示すことが知られている。

　モスコビッチとザバロニ（1969）はフランスの高校生にフランスとアメリカの大統領への態度を調査し（集団討議前の個人的評価），その後で両大統領について集団討議をさせ集団としての態度を調べた（集団討議後の評価）。個人的な態度としてフランスの高校生は自国の大統領に対しては好意的な態度，アメリカの大統領に対しては非好意的な態度をもっていた。それが集団で話しあった後では，自国の大統領に対してますます賛成になり，アメリカの大統領に対してはますます反対になっていったのである（図8-2）。

　なぜ，集団成極化が起こるのであろうか。主な説明を2つあげる。

　①情報の影響説　同じような態度をもった人々が話をすると自分たちの態度を補強する意見がたくさん出される。これが当初の個人の態度を強化するようになる。

　②社会的比較過程説　私たちは他の人と同じでいたいという欲求をもって

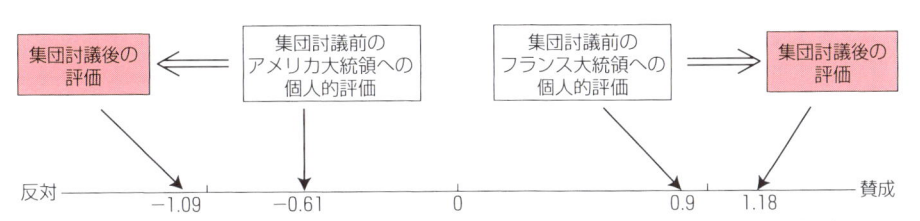

図8-2　集団の成極化効果（モスコビッチとザバロニ，1969）

集団討議前の個人的評価と集団討議後の集団的評価を比べると「フランスの大統領」の場合はより賛成の方へ，「アメリカの大統領」の場合はより反対の方へと意見が極端になっている。

いると同時に，他の人よりは「一歩前に」いたいという欲求をもっている。他の人の意見を聞いて自分の立場を際立たせようという気持ちが生じ，当初よりも極端な立場をとるようになる。

(2) 集 団 思 考

ジャニスによると集団思考を起こす集団は，集団凝集性が非常に高く，次のような特徴を示すという。

①不敗の幻想　アメリカの未来を開く若い大統領として厳しい選挙戦で勝利したケネディ政権は自信に満ち，政権内部には過度の楽観論が支配していた。「我々は善で有能で，我々に反対する者は悪で愚かである」という観念が現実を見すえる目を曇らせた。

②満場一致の幻想　成功した集団では今の良い集団雰囲気を壊したくないという欲求がはたらき，異議や逸脱行動にブレーキがかけられた。反対意見が生まれる素地がなくなっていた。

それでは，どのようにしたら集団思考を防ぐことができるのか？　ジャニスは次のような対処法をあげている。

①リーダーは成員が反対意見や疑問点をだすように鼓舞する
②リーダーは最初から自分の好みなど自分の立場を明らかにしない
③同じ問題について複数の集団に決定させる
④集団内に逸脱者の役割をとる人を設ける
⑤最後に，何よりもこのような集団現象があることをわれわれが自覚するこ

ブレイク

集 団 思 考

アメリカの大統領は世界でもっとも優秀なブレーンに囲まれて政策決定を行っている。それにもかかわらず歴史的な政策失敗をしてしまうことがある。たとえば，ケネディ政権が行ったピッグス湾事件はその典型例である。

1961年4月17日にアメリカの支援を受けたキューバ人亡命者1,400人がピッグス湾に侵攻して反革命を企てた。侵攻の目的はカストロに率いられた革命政府を倒すことであった。侵攻第1日目，頼みの補給船は1隻も到着しなかった。2隻はキューバ空軍によって撃沈され，残り2隻は逃げ帰ったのである。第2日目には侵攻部隊は20,000人のカストロ軍により包囲され，第3日目までに生き残った1,200人の侵攻軍はすべて捕虜になってしまった。完全な失敗に終わったのである。

なぜ失敗したのか？　侵攻軍の士気の低さや，カストロ軍の優秀さや，上陸地点の不適切さ，など計画のまずさが原因であることは明白であった。では，なぜこのような稚拙な計画をケネディ政権は承認したのか？

アメリカの社会心理学者ジャニス（1972）は，ケネディのスタッフの回顧録を分析して，まとまりの良い集団のなかに愚かな意思決定へと導く落し穴が潜んでいることを発見した。彼はこのような拙劣な集団意思決定を「集団思考」と名づけた。集団思考の例はニクソン政権のウォーターゲート事件やNASAのスペースシャトル・チャレンジャーの打ち上げ失敗でも指摘されている。

とである

事実，ケネディはその後に起こったキューバ危機（ソビエトによるキューバ国内でのミサイル建設をめぐる米ソの危機）をうまく乗りきった。彼は自分の意見の表明をさし控えたり，閣僚のなかに批判役の人をおいたり，外部の専門家の批評を仰いだりして自分の政策集団が集団思考に陥るのを防いだという。

集団の成極化や集団思考は私たちがより良い集団活動をするうえでの注意事項である。

3　リーダーシップ

首相のリーダーシップに「？」がついたり，リーダーシップが「欠けている」といわれたりする。リーダーシップのある人とはどのような人であろうか？

リーダーの個人特性としては，リーダーはフォロワーと比べて，知能，自信，支配性，社交性・対人的技能，活動性・エネルギー，社会的参加，学業成績，責任感，などが高い（白樫，1985）。それでは良いリーダーと悪いリーダーはどこがちがうのであろうか？　ここではリーダーの性格特性ではなく，行動に

参　考

社会的手抜きの実験
―― 人手が多いと仕事を軽んじる？――

　人が単独で遂行するときと比べて，集団で遂行するときにあまり努力しなくなる現象がある。社会的手抜き（**social loafing**）とよばれている。

　ラタネら（1979）は単独条件と集団条件で大きな声で叫んでもらい，その音量を測定することにより社会的手抜きの存在を証明した。集団で叫ぶとき，社会的手抜きによる努力の低下，それとみんなで声を合わせるのがうまくいかないなどの協調のロスが混在する。ラタネらは被験者に目隠しとヘッドフォンを付けさせて単独あるいは集団で叫ばせた。叫ぶときにはヘッドフォンから常に集団で叫ぶ音が流れるようにした。その結果，実際に 2 人集団，6 人集団で大きな声を出す条件（現実集団条件）と，本当は 1 人で叫んでいるのに当人には 2 人集団あるいは 6 人集団で叫んでいると思わせる条件（擬似集団条件）をつくりだした。そして 1 人当たりの音量を算出して単独で叫ぶ条件（単独条件）と比較した。

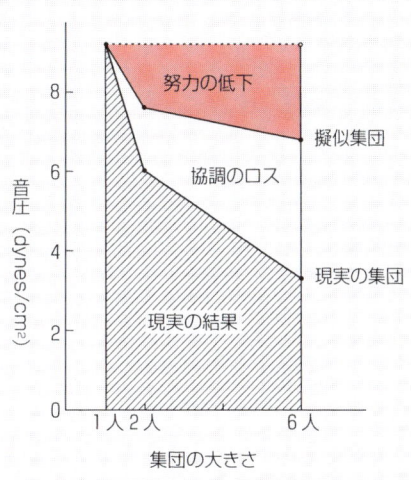

図 8-3　現実の集団と擬似集団の音圧
（ラタネら，1979）

　実験結果を図 8-3 に示す。集団サイズが大きくなるにつれ 1 人あたりの音量が低下することがわかる。協調のロスによる音量低下が擬似集団と現実集団の音量の差である。ラタネらのいう社会的手抜きは単独条件のときの音量と擬似集団のときの音量の低下部分にあたる。このようにしてラタネらは集団作業に社会的手抜きとよばれる努力低下が潜んでいることを明らかにした。

よってリーダーシップの効果性が決まると主張するリーダーシップＰＭ理論と，リーダーシップの効果性はリーダーをとりまく状況に依存すると主張する条件即応モデルについて説明する。

(1) リーダーシップＰＭ理論

三隅（1984）はリーダーの行動スタイルの研究からリーダーシップ PM 理論を提唱している。リーダーのP行動とは目標達成（Performance）行動をさし，M行動とは集団維持（Maintenance）行動をさす。P行動とは，集団の目標達成実現のためにリーダーがとる行動で，計画を示したり部下に適切な指示を与えたりするなどである。M行動とは，集団のまとまりを維持するためにリーダーがとる行動で，集団内の和を保ったり部下に配慮したりするなどである。PM 理論ではリーダーのP行動とM行動の程度を部下に評価させてそれに基づいて4つのリーダーシップ型に分けている（図8-4）。PM（ラージ・ピーエム）型というのはP行動もM行動もともに高い型で，M（エム）型というのはM行動は高いがP行動が低い型である。P（ピー）型というのはP行動が高くてM行動が低い型で，pm（スモール・ピーエム）型というのはP行動もM行動もともに低い型である。PM 型のリーダーのもとで生産性や部下の満足度が最も高く，次いでM型，P型となり，pm 型のもとでもっとも低いことがわかっている。

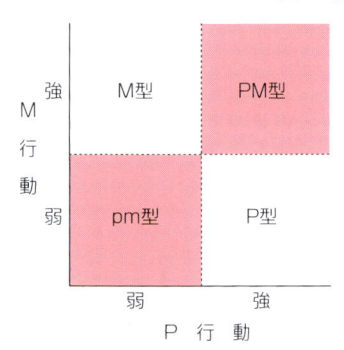

図 8-4　PM 理論にもとづく 4 つのリーダーシップ型

(2) フィードラーの条件即応モデル[*4]

PM 理論では一貫して PM 型のリーダーシップスタイルの優位を主張しているが，効果的なリーダーの特性は状況によって変わるのだという考えがフィードラー（1964）の条件即応モデルである。彼はリーダーの動機型とリーダーをとりまく集団状況（リーダーと成員の関係，課題の構造度，リーダーの地位力）を考慮に入れて，どのリーダー型がどの状況で効果的であるかをモデル化した（図8-5）。これまで経験したなかでもっとも苦手な人についての人物評価を得点化し，それをLPC（Least Preferred Co-worker）得点とよび，得点の高低によって2つのリーダーシップスタイルを設定した。LPC 得点の高い人を関係動機型のリーダー，LPC 得点の低い人を課題動機型のリーダーとよぶ。彼の研究によると，図8-5に示すように，高 LPC である関係動機型のリーダーは集団状況がリーダーにとって中程度の良さのときにもっとも効果的であり，低 LPC である課題動機型のリーダーは集団状況がリーダーにとって有利なときと不利なときにもっとも効果的であるという。

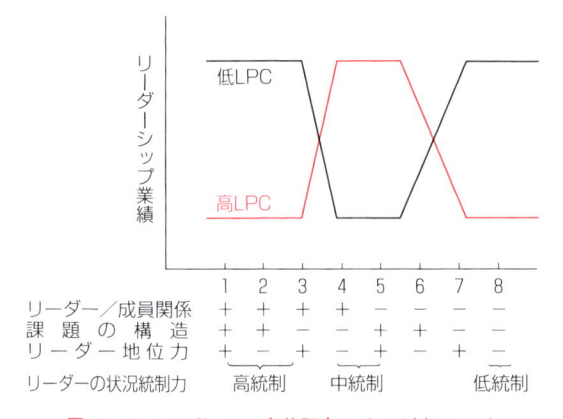

図 8-5　フィードラーの条件即応モデル（白樫，1985）

[*4] フィードラーのリーダーシップ理論。彼はリーダーの対人志向特性（LPC）と集団状況の関係について調べ，効果的なリーダーシップスタイルがリーダーをとりまく状況によって変わることをモデル化した。

4 集団間葛藤の解決

人類の歴史は戦争の記録でもある。東西冷戦が終結しても平和は訪れなかった。世界各地で民族紛争や宗教紛争が後を絶たない。集団間の葛藤解決は人類の永遠の課題である。

集団間葛藤の原因および解決法は何であろうか？ シェリフら（1961）の少年サマーキャンプを用いた泥棒洞窟実験（図8-6）が示唆するように，集団間葛藤の原因には次の3つがある。①2つの集団間の葛藤の存在。領土や資源をめぐっての争いや対抗試合などにみられるような集団間の競争である。②競争の過程にみられる敵対的行為の応酬。ゲーム中の野次やけなしあいからゲーム終了後のけんかへと発展したり，小競りあいから戦闘へエスカレートしたりする悪循環過程である。③内集団と外集団の区別[*5]。社会的アイデンティティ理論[*6]（タジフェル，1982）によると自分が所属する内集団とそうでない外集団の区別が集団間葛藤の出発点であるという。私たちは自分の存在証明の根拠を，集

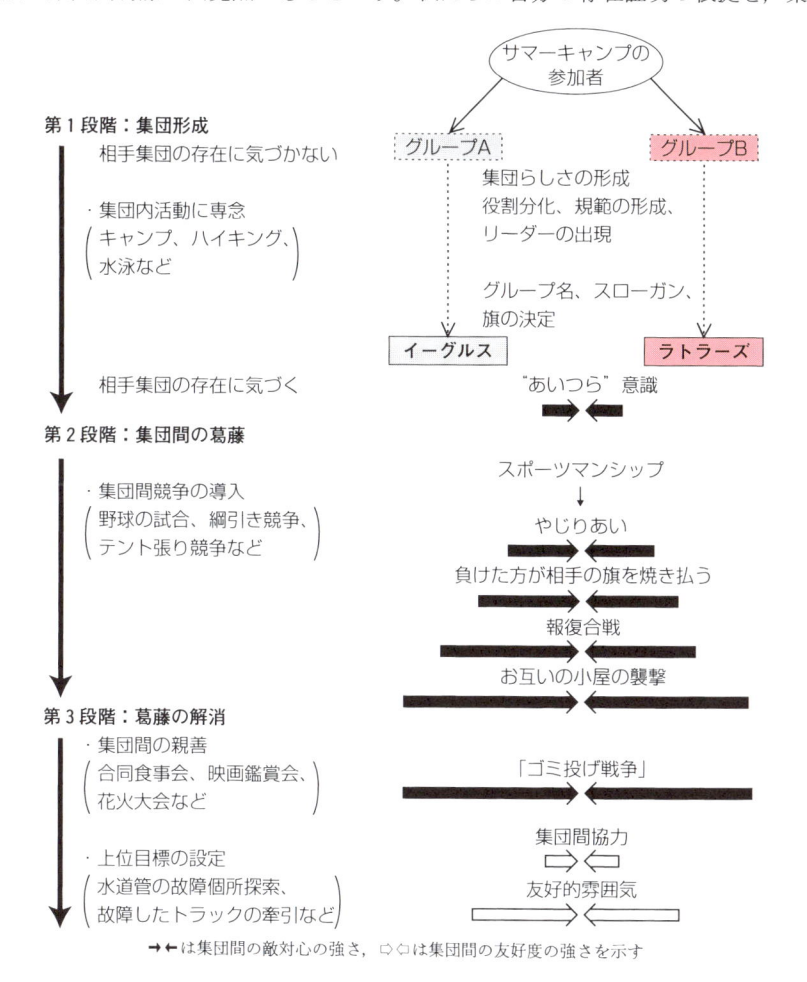

図8-6 シェリフら（1961）の泥棒洞窟実験における敵対心と友好度の変化

[*5] 自分の所属する集団を内集団といい，所属していない集団を外集団という。私たちは基本的に身内とよそ者を区別しながら自他の行動や事象を見ている。晶屓目がその例。

[*6] 私たちは集団成員性に基づいて自己定義を行うが，それが自己を高く評価する基本欲求と結びつき，内集団を偏好したり外集団を拒否したりする。偏見の原因のひとつにこのような知覚傾向がかかわっている。

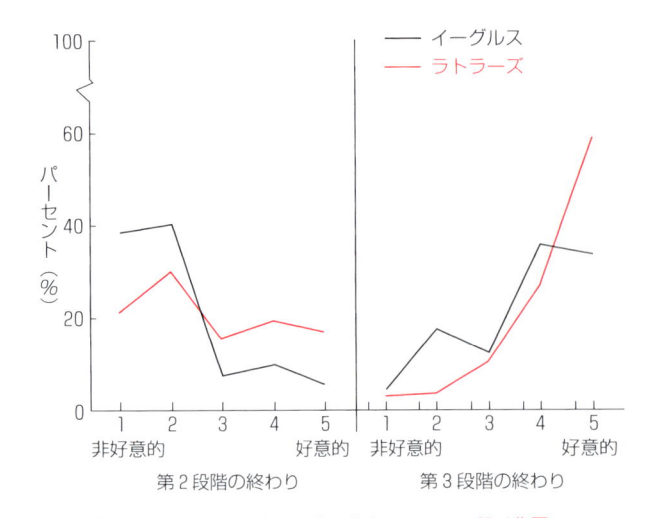

図8-7 第2段階と第3段階の終わりにおける相手集団の成員への好意度評定の頻数 （シェリフら, 1961）

団所属の成員性に求めることが多い。そして自分の自尊感情を維持するために，所属する集団を身びいきで見たり扱ったりする。そこで，集団間に葛藤が生じると内集団と外集団を見る目に歪曲が起こり，内集団びいきの傾向が強まる。たとえば，民族・宗教紛争が激しいクロアチアのミス・ワールド・コンテストで，いったん女王に選ばれていた少数派のイスラム教徒の女性が「再投票」の結果，落選したという報道があった（朝日新聞1998年10月28日）。クロアチアはキリスト教徒が8割を占める国である。美人の評価も所属集団次第ということであろうか。

ところで，集団間葛藤を解決するためにどのようにしたらいいだろうか？シェリフらの研究は，単なる親善や親睦は役に立たないことを示している。集団間の葛藤の解消に役立ったのは，対立する集団が協力してはじめて達成可能な上位目標を与えた場合であった。上位目標ができることにより集団間競争から集団間協力へと変わり，友好的関係が生まれたのである。ちなみに，図8-7はシェリフらの泥棒洞窟実験の葛藤期間中と葛藤解消後の相手集団成員への好意度評価の頻数であるが，非好意的評価から好意的評価への変化がみられる。

今日，環境問題が地球規模の対策を必要とするまでになっている。われわれが自分を何々人や何々宗教の人ではなく「地球人」としてカテゴリー化して，環境問題解決という上位目標のために協力する社会システムを作るいい機会であろう。また，日本人は自己を記述するのに所属集団や社会的役割を優先して用いるといわれているが，これは社会的アイデンティティ理論がいうところの集団間の垣根をつくる要因になる。もう少し自己や他者を個人として認識するようになれば偏見にとらわれない対人関係を築いていくことができるであろう。

【Further reading】

対人行動と集団　狩野素朗(編)　1995　ナカニシヤ出版
　　対人行動，集団・集合行動の概説書。重要項目および最新のテーマについて基礎的説明から具体的研究結果まで記述している。

グループ・ダイナミックス I・II　カートライト／ザンダー　三隅二不二・佐々木薫（編訳）　1969　誠信書房
　　集団力学の古典。集団力学の主要概念についての詳細な説明とその領域での代表的な研究を掲載している。

集団行動の心理学　佐々木 薫・永田良昭(編)　1986　有斐閣
　　集団行動の研究の集大成。集団力学の基礎研究から現実の諸集団についての研究

そして応用集団力学まで幅広くとり扱っている。
グループ・プロセス　R.ブラウン(著)　黒川正流・橋口捷久・坂田桐子(訳)　1993　北大路書房
　ヨーロッパ社会心理学の視点からの集団心理学のテキスト。集団内過程ばかりでなく集団間過程を多くとりあげている。

演　習

課題1　効果的な集団討議の体験学習

「三人よれば文殊の知恵」といわれる一方，「船頭多くして船山に上る」ともいわれます。集団の話しあいがうまくいくかいかないかは話しあいの中身にかかっています。みなさんは効果的な話しあいができますか？　下の討議課題をやってみてください。

―月で遭難した時にどうするか―

　あなたがたは，月旅行宇宙船のメンバーです。計画では，明るい方の月面上で，迎えに来る母船とランデブーすることになっていました。ところが，あなたがたの宇宙船は，機械の故障で着陸予定地点（母船とのランデブー地点）から200キロメートル離れたところに着陸してしまいました。そのうえ，再突入と月面着陸に際し，搭載していた機械の多くは破損してしまったのです。生存したいならば，あなたがたはどうにかして母船の着陸地点にたどり着かなければなりません。そこで，月面上200キロメートルの旅行に携行するのに必要な品物を選択する必要に迫られています。課題は，着陸の際，破損を免れ完全なままで残った15の物品リストがありますので，あなたがた，乗組員グループがランデブー地点に到達するための必要度（重要度）に応じて，これらの物品に順位をつけることです。まず，あなた個人として順位をつけましょう。もっとも不可欠と思われるものを1とし，その次に重要なものを2，以下順に3, 4, …，一番必要でないと思われるものを15という具合に，全品目の順位を記入して下さい。

　　　　　　　　マッチの入った箱
　　　　　　　　宇宙食
　　　　　　　　ナイロンのロープ　15メートル
　　　　　　　　パラシュートの絹布
　　　　　　　　ポータブルの暖房器
　　　　　　　　45口径ピストル　2挺
　　　　　　　　粉乳　1ケース
　　　　　　　　100ポンドの酸素入りボンベ　2個
　　　　　　　　月から見た星座図
　　　　　　　　救命いかだ
　　　　　　　　磁石の羅針儀
　　　　　　　　5ガロンの水
　　　　　　　　発火信号
　　　　　　　　注射針の入った救急箱
　　　　　　　　太陽で作動するFMの送受信機

手　順　1. まず，各個人で順位をつけます。
　　　　　2. 次に，5〜6人の集団で話しあって順位をつけます。この時，多数決などで順位を決めないで，全員一致で順位をつけてください。

採　点　正解とのずれの大きさを得点とします。個人あるいは集団がつけた順位と正解の順位との差の絶対値を合計したものを得点とします。したがって，得点が小さければ小さいほど正解に近いことになります（正解は96頁）。

次のような集計表を黒板に書いて集団間の比較をしてください。

ここで，「個人最高点」とはグループのなかでもっとも得点の高い（正解からもっともはずれた）人の点数です。「個人最低点」とはグループのなかでもっとも得点の低い（もっとも優秀な）人の点数です。「グループの平均点」とはグループのメンバーの得点を合計しそれを人数で割った得点です。「グループ」の得点とはグループで話しあって全員一致で到達した答えの得点です。

グループ	①	②	③	④	⑤
個人最高点					
個人最低点					
グループの平均点					
グループの得点					

考　察
(1) 集団で話しあった結果と個人最低点やグループ平均点を比べてみましょう。どのグループの話しあいが効果的だったですか？
(2) 効果的な話しあいを妨げる要因にどのようなものがありますか？
(3) 結果の表を見ながら集団で話しあってみましょう。

課題 2　規範を測る

　いま，あなたは制限速度，時速 100 キロメートルの高速道路を車でドライブしていると仮定します。もし，あなたが時速 90 キロメートルのスピードで運転したとしたらまわりの車のドライバーはどのように思うでしょうか。「ちょうど良いスピード」だと思うでしょうか，それとも「迷惑なあるいは危ないスピードだ」と思うでしょうか。まわりのドライバーの気持ちを考えてみてください。下に 1 から 7 までの質問項目がありますが，それぞれについて「評価選択肢」のなかから他のドライバーの気持ちにあてはまると思われる数値を選び（　　）の中に記入してください。

　　1．あなたの車が時速 70 キロメートルで走っていた場合　　（　　）
　　2．あなたの車が時速 80 キロメートルで走っていた場合　　（　　）
　　3．あなたの車が時速 90 キロメートルで走っていた場合　　（　　）
　　4．あなたの車が時速 100 キロメートルで走っていた場合　（　　）
　　5．あなたの車が時速 110 キロメートルで走っていた場合　（　　）
　　6．あなたの車が時速 120 キロメートルで走っていた場合　（　　）
　　7．あなたの車が時速 130 キロメートルで走っていた場合　（　　）

評価選択肢　　＋3　非常に良いスピードである
　　　　　　　　＋2　かなり良いスピードである
　　　　　　　　＋1　やや良いスピードである
　　　　　　　　　0　どちらともいえない
　　　　　　　　－1　やや良くないスピードである
　　　　　　　　－2　かなり良くないスピードである
　　　　　　　　－3　非常に良くないスピードである

整理　　下のグラフは横軸が自動車のスピード，縦軸がまわりのドライバーの是認否認の評価となっています。折れ線グラフをつくってみましょう。

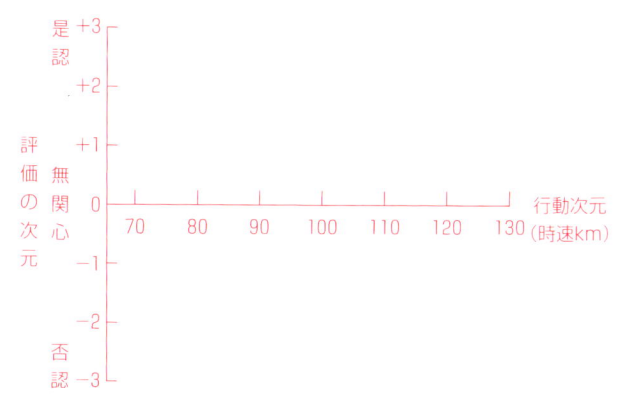

まとめ　　もっとも是認されるスピードともっとも否認されるスピードはどれになりますか。他の人と曲線は似ていますか？　制限速度 100 キロメートルの高速道路の適正スピードに関するドライバーの規範はどのようになっているか話しあってみましょう。

　このような目に見えない規範の測定法を「リターン・ポテンシャル・モデル（ジャクソン，1965）」といいます。上で描いた曲線から，理想とされる行動型，規範が許容する行動の範囲，規範の一致度など目に見えない規範の姿がわかります。講義への遅刻など他の事例についても規範を調べてみましょう。

課題 3　あなたのリーダーシップ・スタイルを測定する

　これまで一緒に働いたことのあるすべての人々のなかから，一緒に仕事をすることがもっともむずかしかったと思う相手を一人だけ思いうかべてください。これはあなたがもっとも嫌いな人である必要はありません。一緒に仕事をすることがむずかしい相手という意味です。

　では，あなたの仕事相手としてもっとも苦手とする人について，次の形容詞対の各項目それぞれについて，8段階のうち，もっともよくあてはまる数値に○印を記入してください。

	非常に	かなり	やや	どちらかといえば	どちらかといえば	やや	かなり	非常に	
楽しい	8	7	6	5	4	3	2	1	楽しくない
友好的	8	7	6	5	4	3	2	1	非友好的な
拒否的	8	7	6	5	4	3	2	1	受容的
緊張している	8	7	6	5	4	3	2	1	ゆとりがある
疎遠	8	7	6	5	4	3	2	1	親近
冷たい	8	7	6	5	4	3	2	1	暖かい
支持的	8	7	6	5	4	3	2	1	敵対的
退屈	8	7	6	5	4	3	2	1	面白い
口論好き	8	7	6	5	4	3	2	1	協調的
陰気	8	7	6	5	4	3	2	1	陽気
開放的	8	7	6	5	4	3	2	1	警戒的
陰口をきく	8	7	6	5	4	3	2	1	忠誠
信頼できない	8	7	6	5	4	3	2	1	信頼できる
思いやりがある	8	7	6	5	4	3	2	1	思いやりがない
卑劣（きたない）	8	7	6	5	4	3	2	1	立派（きれい）
愛想がよい	8	7	6	5	4	3	2	1	気むずかしい
誠実でない	8	7	6	5	4	3	2	1	誠実
親切	8	7	6	5	4	3	2	1	不親切

採　点　各項目であなたが○印をつけた数値を合計してください。

この合計された数値があなたの LPC 得点です。LPC 得点とは「3　リーダーシップ (2)フィードラーの条件即応モデル」で説明しているように，もっとも苦手とする仕事仲間（Least Preferred Co-worker）に対してあなたがもっている好意的印象の程度を示す数値です。白樫（1985）によると，日本人成人男子の LPC 得点の平均は 64.37 点，女子の平均は 66.14 点です。これよりも高い得点をとった人は高 LPC（関係動機型）で，それより低い得点をとった人は低 LPC（課題動機型）といわれます。

　図 8-3 を参照して自分がどのようなときに効果的なリーダーとなりうるか考察してみましょう。

『月で遭難した時にどうするか』の正解
上から順に，15, 4, 6, 8, 13, 11, 12, 1, 3, 9, 14, 2, 10, 7, 5

第9章 人間のコミュニケーション行動

「あの人とはコミュニケーションがうまくいかないわ」「もう少しコミュニケーションを上手にできるといいのだけれど……」というように，私たちは日常の会話のなかでコミュニケーションという言葉をよく聞く。また近年，高度情報化の進展にともない，新しいコミュニケーション・メディアが開発され，個人の生活レベルまでもコミュニケーション・ネットワーク，コミュニケーション・スタイルの変容の波が押し寄せてきている。さまざまな側面でコミュニケーションという言葉は使われ，まさに現代のキーワードといわれている。しかし，外来語であるコミュニケーションを説明しようとすると，ちょっと考えこんでしまうし，適当な日本語訳も見当たらない。この章では人間のコミュニケーション，特に表情，身ぶりなど言葉以外のものを通してのコミュニケーションについて考えてみよう。

1 コミュニケーションの成立

コミュニケーション（communication）の語源はラテン語の communicatio であり，コミュニティ（地域社会），コミューン（生活共同体），コミュニズム（共産主義）と同じく，英語の commonness にあたるラテン語 communis（共有，交換，霊的交わり）に由来している。コミュニケーションは生物・無生物を問わず，熱，感情，情報などが，ある所から別の所へ移動し，その移動の両端になんらかの共通性や等質性が生じることを意味している。人と人のコミュニケーションの場合には，自己の意思・知識・意見・態度など，意味のあるメッセージを伝えあうことであり，対人コミュニケーション（interper-

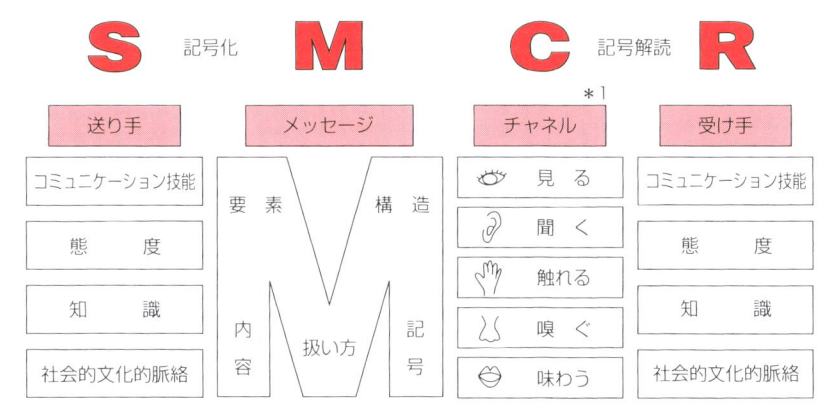

図9-1 バーロの SMCR モデル（バーロ，1960）

---

*1 伝達手段，つまりメッセージを運搬する特定の身体部位による行動をさす。メッセージは同時に複数のチャネルを通して多重に伝えられる。そのため，これらのチャネルは相互に関連し，メッセージを補強・強調したり，逆に相矛盾するメッセージを送ったりする。

sonal communication）という。

対人コミュニケーションの基本的な構成要素は送り手，受け手，メッセージ，チャネルからなり，図9-1のような過程を経る。①送り手による記号化（encoding）：送り手はまず相手に伝えようとする内容を言葉，身ぶり，表情などの記号（sign；意味を表すもの）に置き換える。②メッセージの伝達手段であるチャネル（channel）を通して記号を送る。③受け手による記号解読（decoding）：受け手は送り手の伝えようとする内容を記号から読みとる。その際，①，③では送り手・受け手双方のコミュニケーション技能・態度・知識・社会的文化的脈絡がかかわる。

さらに次の段階では，受け手は記号の意味を再確認するフィードバックを行ったり，自分の伝えたい内容を記号化し，新しい送り手となる。このように受け手と送り手の役割は絶えず交代し，新たにまた①〜③の過程を経ることで，コミュニケーションは成立する。

2　非言語的コミュニケーションとは

私たちは人と会話をするときに，単に話すだけではなく，時に笑ったり，うなずいたり，顔をひきつらせたり，ジェスチャーを交えたり，多彩な手段で情報を伝達している。このように人のコミュニケーションは，言語を通して行う言語的コミュニケーション（verbal communication 以下 VC）と，それにともなわせて何種類かの非言語的な手段での，非言語的コミュニケーション（non-verbal communication 以下 NVC）を同時に行っている。図9-2は対人コミュニケーションの伝達手段，チャネルと，各チャネルごとの具体的行動次元を示したものである。

日常のコミュニケーションでは言語的な行動より，非言語的行動の比重が大きく65〜70％以上を占めるといわれている。そしてこれらの非言語的チャネルのなかでも，姿勢，体の向き，対人距離などは変化や動きが少なく静的であるのに対し，視線・表情・体の動きなどは相互作用の間，微妙に変化するため動的なチャネルとみることができる。特に，動的チャネルには本人の心理状態

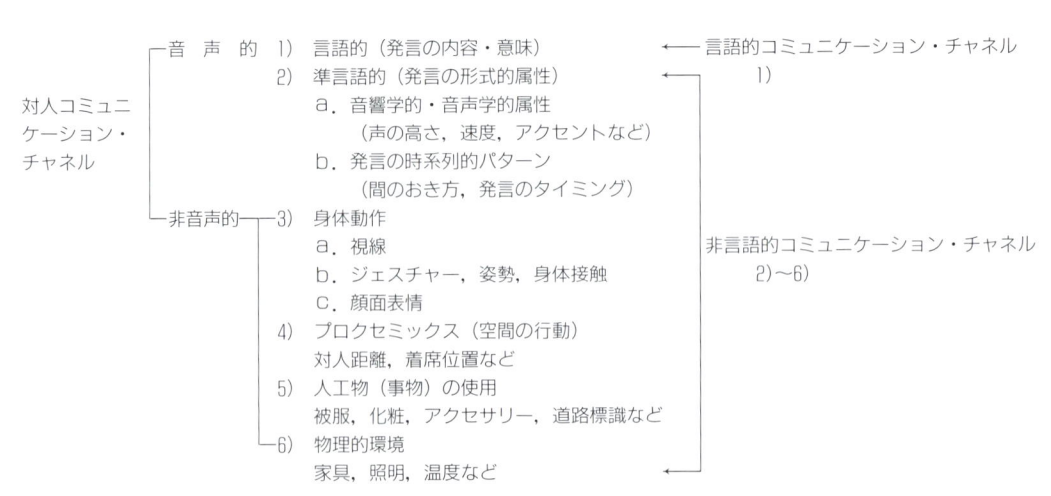

```
対人コミュニ ┬ 音 声 的 ┬ 1) 言語的（発言の内容・意味） ←─── 言語的コミュニケーション・チャネル
ケーション・  │         │                                              1)
チャネル      │         └ 2) 準言語的（発言の形式的属性） ←┐
              │              a. 音響学的・音声学的属性        │
              │                 （声の高さ，速度，アクセントなど）│
              │              b. 発言の時系列的パターン          │
              │                 （間のおき方，発言のタイミング）  │
              └ 非音声的 ┬ 3) 身体動作                            │
                         │    a. 視線                              │
                         │    b. ジェスチャー，姿勢，身体接触      ├── 非言語的コミュニケーション・チャネル
                         │    c. 顔面表情                          │         2)〜6)
                         ├ 4) プロクセミックス（空間の行動）        │
                         │    対人距離，着席位置など                │
                         ├ 5) 人工物（事物）の使用                  │
                         │    被服，化粧，アクセサリー，道路標識など │
                         └ 6) 物理的環境                          ←┘
                              家具，照明，温度など
```

図9-2　対人コミュニケーション・チャネルの分類（大坊，1998一部改変）

が表れやすい。

　非言語的行動にはどのような特性と機能があるのだろうか。

　バゴーン（1985）は言語コードがデジタル的であることに対して，非言語コードをアナログ的であると考え，非言語行動の特性として，①図像的（iconicity），②普遍的な形態と意味があること，③同時に多様なモード（様式）での伝達，④直接的な感覚刺激としての受容，⑤自然に（spontaneity），無意識的に表出，をあげている。また，表9-1にみられるように，パターソン（1983）は非言語的行動の機能，はたらきを7つに分類している。このように非言語的行動は対人間の相互作用において多くの役割を担っている。

表 9-1　非言語的行動の機能（パターソン，1983より作表）

1. 情報の提供	表情，視線によって，意図的にメッセージを相手に伝える，もっとも基本的機能。
2. 相互作用の調節	うなずき，あいづちなどに見られる話し手と受け手の相互作用の成立・展開さらに促進・抑制するはたらき。
3. 親密さの表出	他者への好意・愛情・関心などの表出機能。インフォーマルな場面でのこの機能が発展しやすい。
4. 感情の管理	感情が高まりすぎたときには，それを沈めるために体を動かしたり，視線をはずすなど，感情をコントロールするはたらき。
5. 社会的コントロール	説得するために，視線を多く向け，声の調子を変えるように他者の行動に影響を与え，変化させようとする機能。
6. イメージや同一性の提示	5は目の前の相手に対してであるが，これは第三者に向けて行う。
7. サービスや作業目標の促進	美容師が客の髪に触れるなど，対人関係とは異なる接触。

参　考

ダブル・バインド（二重拘束）仮説

　食事中，お皿を落として割った子に母親が「いいのよ，いいのよ。危ないから，お母さんが片づけるわ。気にしないで」という。言葉の内容からは優しくかばってくれているようだが，声の調子や顔の表情からは"本当に迷惑ばかりかけて困った子"という感じを受ける。このように2つあるいは2つ以上の相矛盾するメーセージが同時に伝達され，しかもそれが何を意味しているか問い返すことのできない，このような状況をダブル・バインド状況という。

　母親とのこのようなコミュニケーションが続くと，子どもは母親の意図やメッセージの正しい意味理解ができず，混乱し，普通に反応ができなくなる。そのため，対人的関心を失い，健全なコミュニケーション能力が身につかず，適応不全に陥ることがある。ベイトソン（1972）はこのダブル・バインド状況を分裂病の病理を解く鍵と考え，ダブル・バインド仮説を提唱した。

　その後，この状況は分裂病の病理に必ずしも特異的でなく，他のさまざまな状況でも認められることから，広くコミュニケーション論に発展している。特に言語・非言語の不一致は受け手に混乱を与える原因となる。効果的なコミュニケーションのためには両者の一致が重要である。

---

*2　言語は実物を象徴する人為的記号であり，人間が恣意的に作り上げた約束事である。それに対して，表情・手ぶり・身ぶりなどは自然発生的な記号である。

3 非言語的コミュニケーションの諸相

ここでは①身体接触，②視線，③手ぶり・身ぶり，④準言語に分けて，実際の行動と心理状態とのかかわりについてみてみよう。（対人距離については第4章を参照）

(1) 身体接触（タッチング）

握手，なでる，たたくなどの身体接触は，すべての動物にみられるコミュニケーションのもっとも原初的な形態である。これらの行動は友好，愛情，攻撃などいろいろな意味を伝える。

バーンランド（1973）は，日本人とアメリカ人の学生に，両親と同性・異性の友人への接触の程度を調べた。図9-3にみられるように，身体接触の行われる部位は手・肩・額・頭・首の後・前腕などであり，アメリカ人は日本人の約2倍以上の接触量を示している。日本人は同性・異性の友人間で大きな差はないが，アメリカでは，最大の接触が異性の友人との間に生じていることが特徴である。

このように，身体接触は文化によってその絶対量が異なるだけでなく，自分と他者とのかかわりによって接触部位や接触量は異なり，その意味するところも変わってくる。そして他者および自己の身体的接触には本人も意識していない，相手に対するさまざまなメッセージがふくまれている。

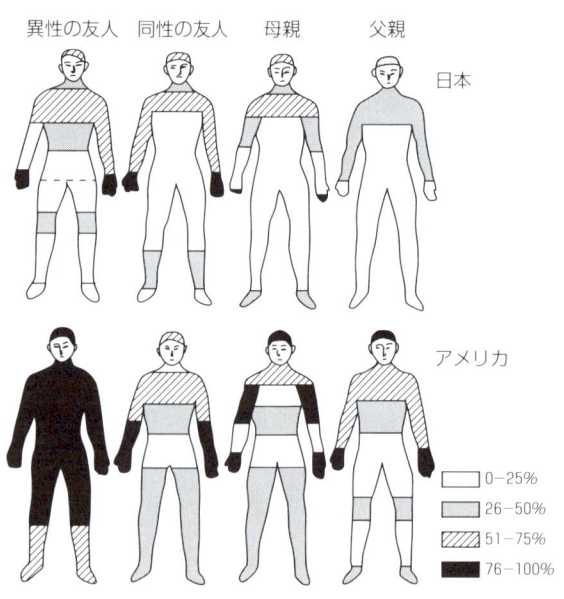

図9-3 対人間の身体接触（バーンランド，1973）

(2) 視　　線

「目は心の窓」「目は口ほどにものをいい」にみられるように，視線が重要なコミュニケーション手段であることは，古くから知られている。また，人は音声以外の身ぶりや表情などの非言語的行動を眼を通して視覚的に受容している。

私たちが相手に視線を向けるのには次のような意味がある。

①認知機能：相互に人間的関係の確認，②情報探索機能：相手との相互作用や相手が自分を受けいれているかどうかの情報収集，③表現機能：目で自分の内的状態を相手に表現，④調節機能：自分と相手との会話の流れのコントロールのはたらき。（アーガイルら，1965）

また，私たちは会話の途中で無意識に視線を向けたり，はずしたりしているが，視線の向け方には一定のルールがあるのだろうか。視線行動に関するこれまでの研究では次のことが報告されている（アーガイルら，1965；福原，1996）。

①視線は相手に対する好意的態度を表し，受け手も同じように認知する。未知の人を見つめるのはルール違反，侵入と受けとめられ，嫌な感情をもたれる。

対人交渉場面でも，普通程度の視線が好まれ，自分が話すときの視線は支配と受けとられる。

②一般に女性は男性よりも多く見つめる。異性間では同性間より視線交錯（eye-contact：EC）の量が少なく，女性ペアのEC量がもっとも多い（図9-4参照）。また，男女間で視線に対する評価は異なり，異性からの視線を女性は好意的に，男性はあまり好意的ではなく受けとめる傾向がある。

③ECの量は自分と相手との距離が離れるほど増加する（図9-4参照）。

④会話の初期段階では，相手を見ることが多いが，その後除々に減少する。

⑤視線は相手への好意の表現だけではなく，相手からの承認を期待するとき，相手に好印象を与えたいときに増加する。

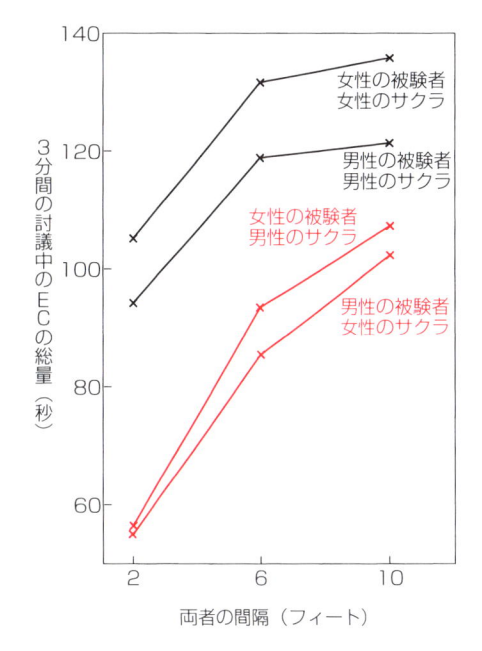

図9-4 対人間の距離とアイコンタクト
（アーガイルら，1965）

ブレイク

「うそ」：どうして見抜くのでしょうか

　非言語は言語より無防備に本心を表してしまうことが多い。一生懸命言葉では「うそ」をついていても，相手は何か不自然さやおかしさを感じ，「うそ」を見破ってしまう。おそらく言葉と表情・動作の不一致に「うそ」を感じとってしまうのであろう。このように非言語チャネルからつい本心を漏らすことを，モリス（1977）は「非言語的漏洩」とよんだ。人はうそをつく時，どのような非言語行動をとってしまうのか，モリスやオヘアら（1981）の研究から，その特徴をあげてみよう。

①「うそ」をつくときにはジェスチャーの数，特に「手ぶり」に代表される強調的ジェスチャーが減少する。

②「うそ」をつくときには「鼻を触る」「口を押さえる」「髪に手をやる」などの顔への手による自己接触行動[*3]や「手遊びをする」などの手指の動作が増加する。そのなかでも，特に「鼻を触る」「口を押さえる」は多くなる。

③手，足，胴などの身体は制御しにくいため，体が動いたり，姿勢が変わったりする回数が増え，落ち着かなくなる。

④顔面表情や声の調子は比較的制御しやすいため，「うそ」をついているときと本当のことを言っているときとが区別しにくい。

⑤「うそ」をつこうとするときは，会話の途切れに敏感に反応し，途切れをつくるまいと素早く応答するが，柔軟さに乏しく，姿勢までこわばる。

⑥「うそ」をつくときには，会話はさらに迅速となり，一回のメッセージは短くなり，笑いも減少する。また，相手の発言を肯定するうなずきなどが増加する。

---

*3　髪を触る，顔を，手をさするなどの自己への身体接触行動をさす。反復行動同様本人の心理状態を表しやすい。

(3) 手ぶり・身ぶり（ジェスチャー）

　言葉で表現できないことや話していることを強調したりするとき，ふと無意識に，手や身体を使って，表現していることがある。日常のコミュニケーション場面では言葉にともなわせたり，単独に用いたり，手ぶり・身ぶりなどのジェスチャーは会話を効率的，効果的に進める機能をもっている。

　ジェスチャーは大きく次の4種類に分けられる。①映像的ジェスチャー：話されているものの形，大きさ，動きなどを手ぶりで表現，②指示的ジェスチャー：手や指でものの方向を差し示す，③象徴（エンブレム）："Vサイン"のように言葉がなくともジェスチャーそのものの意味が文化のなかで共通に認識されている，④強調的ジェスチャー：話の内容を強調したり，テンポをつけたりする。

　ジェスチャーは文化差の大きなチャネルのひとつでもある。ジェスチャーのなかでも，映像的ジェスチャー・指示的ジェスチャー・強調的ジェスチャーはその役割からみても，あまり文化差がみられないが，象徴（エンブレム）には文化差が大きい。たとえば，モリスら（1979）の比較調査で用いられた，親指と人差し指で輪を作るジェスチャー（図9-5）は，日本では通常「お金」を意味しているが，欧米の多くでは「OK！」，トルコ・ギリシャなどの地中海地域では単に「丸」，ベルギー・スペインでは「0 ゼロ」，チュニジアでは「脅し」を示す。また，このジェスチャーは性的イメージを連想させることもあり，注意して使わなければならない。図9-6はその他，日本でもよくみられるジェスチャーであるが，文化によって意味が異なっている。

図9-5　輪のジェスチャー

親指を立てる
日　本　　　　父，夫，店主，男性
アメリカ　　　OK，承知した
　　　　　　　NO.1，ヒッチハイク
韓　国　　　　最高，ボス，隊長

小指を立てる
日本，韓国　　彼女，女性
アメリカ　　　めめしい男
インド，スリランカ　トイレに行きたい
タ　イ　　　　友達になる
中　国　　　　つまらない

手を胸にあてる
日　本　　　　ほっとする，私
アメリカ　　　誓う，私

人差し指を交差させる
日　本　　　　だめ，ペケ
アメリカ　　　だめ，生意気だ
韓　国　　　　止める，休憩
中　国　　　　ほんの少し，10
フィリピン，オランダ　約束，誓う

両手の人差し指を立て，頭につける
日　本　　　　鬼，怒っている
アメリカ　　　悪魔
中国，インド，ビルマ　牛
スリランカ　　鼻が高い，高慢

図9-6　文化によって意味の異なるジェスチャー（金山，1983より）

参 考

身ぶりの男女差

東山（1993）は日本人の身ぶりを調査し、身ぶりに男女差があることを示している。図9-7の具体例は、男性・女性・男女共用の動作の典型的な事例である。

個人差、性差、文化差のある非言語的行動にどのようなものがあるか考えてみよう。

女性に特徴的なしぐさ〈F動作群〉

F1　F（85.3%）M（33.8%）
▶「あーびっくりした」というときに、平手を胸にあてるしぐさ

F2　F（83.2%）M（30.5%）
▶畳の上にすわって話を聞くとき等にひざの上で手を組み合わせるしぐさ

F3　F（79.8%）M（16.4%）
▶右の女性の動作で、両手を前で組み、おじぎをする。

男性に特徴的なしぐさ〈M動作群〉

M1　M（91.7%）F（46.0%）
▶「人の前を通るときに、片手を縦にして上下に動かし、腰をかがめて通る。

M2　M（76.4%）F（27.7%）
▶小指を立てて「女・愛人」を意味するしぐさ。

M3　M（72.6%）F（6.9%）
▶畳の上にあぐらをかき、両手を左右のひざの上にのせる。

男女ともによく使うしぐさ〈MF動作群〉

MF1　M（80.8%）F（98.0%）
▶お茶をつぐときに片手でふたを押さえて両手を使って注ぐ。

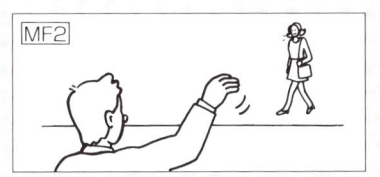

MF2　M（82.2%）F（94.1%）
▶遠くにいる人を呼ぶときの手まねき。

MF3　M（82.2%）F（89.9%）
▶片手の5本の指先で、下から髪をかきあげるようにして髪型を整えるしぐさ

10代〜60代以上までの男女176名（男74名、女102名）に、「自分はこのしぐさをするか?」という質問を行った。男性（M）、女性（F）別の動作経験者の比率が%で示されている。

図9-7　日本人男女の特徴的なしぐさ（東山、1993より）

このようにジェスチャーは国や文化によって意味することが異なることが多い。異文化のなかでは，正しい意味の理解と使い方が望まれる。

(4) 準言語（パラ・ランゲージ）

私たちは電話を受けたとき，とても気持ちのよい話し方にどのような人だろうとつい想像をめぐらしたり，逆に話を続けるのが嫌になる相手もいる。電話のマナーの善し悪しは度外視しても，多くは声の調子や話し方から受ける印象ではなかろうか。このような会話における発話内容以外の声の調子，速度，発話の長さ，沈黙などを準言語（para-language）という。

メラビアン（1972）は次のように，メッセージの全体の印象を定式化している。

$$メッセージの全体の印象 = 0.07（言語内容）+ 0.38（音声）+ 0.55（表情）$$

彼らによれば，声の調子や話し方などの準言語，非言語的音声部分が 38％，表情などが 55％を占め，言語内容はわずか 7％しか機能しないという。この

― 参 考 ―

現代の記号表現：サイン（記号）によるコミュニケーション

駅，道路，デパートなど，多くの人が行き来するような公共の場所では，たくさんのサイン（記号）を見かける。基本的なパターンは，「○〜してよい」「×〜してはいけない」のサイン（記号）で，これらは，けがや事故から自分を守るための重要なサインである。また，形だけでなく，色によっても表現され，青色は「指示」，緑色は「案内」，黄色は「注意」，オレンジは「警告」，赤色は「禁止」を表している。その種類も，非常口やエレベーターなどの場所を示すもの，動物，乗り物，交通標識，使い方を表すもの，疑問符・感嘆符などさまざまである（図 9-8）。

これらは，ピクトグラム（Pictogram）とよばれる色と形による最小単位の記号で，危険やサービスなど伝達すべき内容を誰もが瞬時に理解できるようにした情報伝達手段である。特定の事柄を言語を使わずに表し，各国語間の壁を超えて理解できるように発明され，この 100 年間に発展し続けている。

電子メディアを使っての記号表現も若い人々を中心に，有力なコミュニケーション・ツールとなっている。携帯電話，パソコンなどの普及にともない，電子メディア上で文字情報だけでなく，スマイリー，顔文字といわれるものが使用されるようになってきた（図 9-9）。

田中（2001）は，携帯電話（PHS を含む）の使用機能として，少なくとも若年層においては通話機能よりもメール機能が主となっており，通話機能オンリーから出発した世代とメール・インターネット機能が一般化した以降のユーザーとでは「携帯電話世代差」があると述べ，大学生の携帯メールの様相を調べている。それによると，携帯電話の所持率は 96.3％で，1 日の使用率は，電話をかける（2.1件），受ける（2.1件），メールの送信（8.5件），受信（9.1件）と，メールの優位性が明らかとなっている。携帯メールを使う理由は，①いつでも送受信できる（89.1％），②パソコンに比べて準備が簡単（43.4％），③音を気にしなくてよい（26.4％），④電話での話が苦手（14.7％），⑤必要な時に電話に切り替えられる（11.6％），⑥パソコンが家にない（10.1％），⑦相手の反応を直接感じなくてよい（6.7％），⑧相手がすぐわかる（4.7％），⑨その他，安い，敷居が低い，簡単，証拠になる，秘密が守れる

ように日常の会話では言語内容よりも音声などの非言語的側面の影響が大きい。一方，会話のなかの沈黙部分は発話全体の 40～50％を占めるといわれる（ゴールドマン-アイスラー，1968）。

　私たちは会話の内容，言葉の意味を相手に伝えるものだと一般に考えているが，受け手は話し手の発進しようとは意図していない非言語的メッセージを，言葉の意味以上に重く，かつ多重的に受容し，解読している。そのため，非言語的行動の特徴や差異は，人それぞれの個性や文化的背景を知る大きな手がかりともなっている。このように対人コミュニケーションは非言語的行動によって多彩な広がりをもつことになる。

等（23.9％），である。またメールでやりとりする内容は，①その場のできごとや気持ちの伝達（73.6％），②事務連絡（66.7％），③とくに用件のないおしゃべり 65.1％），④質問（59.7％），⑤相談（54.3％），⑥緊急連絡（49.6％），⑦所在確認（47.3％）で，役立つということよりも，「その場の気持ち」といった「臨場感」の伝達が上位に位置していた。

　また，視覚的なパラ言語的標記の使用頻度を携帯メールとパソコンメールで比較すると，

　　（笑）のような（　）文字を使う　　　携帯（55.9％）：パソコン（46.7％）
　　♪のような絵記号を使う　　　　　　携帯（76.4％）：パソコン（38.5％）
　　(^-^)のような顔文字を使う　　　　　携帯（53.5％）：パソコン（32.2％）

となっており，このような携帯メールは親密なやりとりに使われる傾向があった。絵文字や顔文字の多用は親密性の高さを表すと同時に，文字情報では伝達しにくい感情，怒り，緊張の緩和など情意面の伝達を可能としているのであろう。

　　トイレ　　　　禁煙　　　しぼってはいけない　　SOS

図 9-8　ピクトグラムの例

(^-^)　　(;_;)　　(^O^)／　　()>_<()　　(+_+)
笑い　　悲しみ　　元気　　　しまった！　　驚き

図 9-9　顔文字の例

【Further reading】

マン・ウォッチング――人間の行動学―― D. モリス 藤田 統(訳) 1980 小学館

「マン・ウォッチャー（人間観察家）はバード・ウォッチャー（鳥観察家）が鳥を観察するように，人間を観察する」からわかるように，人間の身体活動を野外観察し，豊富な図解と写真を通して，種々の非言語チャネルでの人間行動について解説している。図や写真は眺めるだけでも面白く，NVC の入門書としても最適である。

非言語コミュニケーション M. F. ヴァーガス 石丸 正(訳) 1987 新潮選書

「ことばより強く」はたらきかけてくる NVC の事例を，身体的特徴，動作と表情，目の使い方，パラ・ランゲージ，沈黙，身体接触，空間と距離，時間，色彩の 9 つのジャンルに分けて，日常，何気なく観察することからわかりやすく説明している。これらの事例を理解することによって，読者自身の対人理解能力を自然に高めてくれる。

しぐさの社会心理学 P. ブル 高橋 超(編訳) 1986 北大路書房

身体動作と対人コミュニケーションに関する文献を広く展望し，身体動作の社会的意味について理論的に考察した社会心理学の専門書である。特に，Ⅵ章の「身体動作と社会的技能訓練」は理論に基づいた具体的訓練法が提案されており，自分の NVC 能力を高めるという実用面でも役立つ。

身振り語の心理 P. ヴント 中野善達(監訳) 1985 福村出版

ヴントは身振り語から言語一般の起源を探ろうとして，世界各地の身振り語を丹念に収集し，身振り語の発達形態，基本的形態，意味とその変化，構文，心理的発達について精細に分析・考察している。民族心理学（全10巻）第1巻「言語」の第2章「身振り語」の訳（1900～1920）で，古典的であるとともに先駆的な研究である。

演 習

課題1　ピクトグラム

1　あなたが日常生活で見かけるピクトグラムを描いてみましょう。

2　ピクトグラムの表していることがわからなかったり，その意味を誤解したことはありませんか。

　そのようなピクトグラムの意味をより的確に伝達するために，あなたはどこをどのように変えればいいと思いますか。なぜあなたが誤解したり意味を捉えることができなかったのかを考えながら，よりわかりやすいピクトグラムに改善してみましょう。また，あった方がいいと思う新しいピクトグラムも作ってみましょう。

課題2　顔文字・絵文字

　あなたはメールでどのような顔文字や絵文字を使っていますか。そしてそれにどのような感情をこめていますか。

第10章　情報と人間行動

　私たちは毎日の生活に変化がないと無性に退屈し，何か面白いことはないかと刺激を求めて新しい行動を始めようとする。しかし，あまりにも多くの新しい情報，めまぐるしい変化，環境の激変には逆に耐えきれず，ストレスを感じる。そんなとき，一人でボーッとできる静かな時間をもつことでバランスを保とうとする。このように人が刺激や情報を求めたり，それを避けたりする行動等にみられる，人と情報とのかかわりについて考えてみよう。

1　刺激のない世界での人の行動

　音もなく，何も見えない，外界からの刺激がほとんどない場で人はどのような行動をし，どのような心理状態になるのであろうか。

　1951年から1954年に行なわれたヘロンの感覚遮断（sensory deprivation）の研究では，男子大学生の被験者は図10-1にみられる実験室で，視覚，触覚，聴覚のはたらきを制約され，食事とトイレ以外の運動も制限される実験事態が課せられた。実験室には実験者との連絡に用いるマイクが取り付けられていた。その結果，時間経過とともに被験者たちの言動には次のような変化がみられた（大久保，1986）。

　①実験が始まると間もなく眠りにはいった。しかし，長くは続かない。
　②数時間後，目覚めるとあまり眠れなくなる。
　③次第に落ち着かなくなり，退屈しはじめ，刺激を強く求める。（この状態はきわめて強い不快として体験された。）
　④時間が進むと実験の中止を求めるものも現れた。
　⑤何人かの被験者は，目が覚めていながら夢を見ているような，幻覚様の体験が聴覚的にも生じた。そのなかでは視覚的なものがもっとも多い。図10-2はその一例である。視覚体験の内容は，単純な幾何学的図形からリュックを背負ったリスの

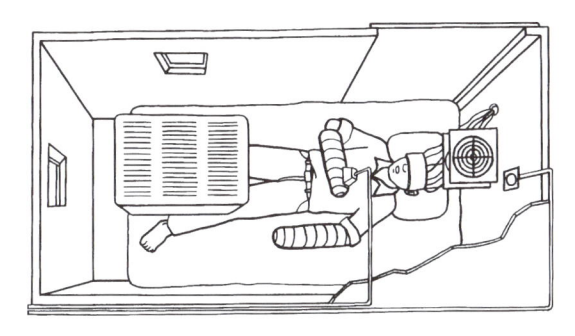

図10-1　感覚遮断の実験（ヘロン，1961）

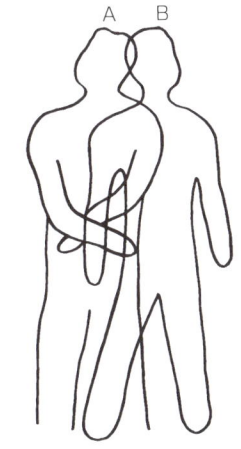

「自分の身体像が二重に体験される」視覚体験

図10-2　感覚遮断実験で生じた視覚体験の事例（ベクストンら，1954）

一隊が雪野原を行進するといった複雑なものまでにわたる。単純なものは全員が体験した。これらの視覚的体験は自分の意志で変えることはできず，単純なものから複雑なものへ発展した。これらのほとんどは実験終了後，短時間で消失した。

このように，人間は刺激変化の乏しい環境のなかに長く居つづけることができない。また，居なければならないときには通常とは異なる心理機能がはたらき，覚醒水準・感情反応・思考・知覚・態度などの側面に阻害的な効果が現れる。さらには幻覚などの意識の変性状態すら起こることがある。

2　情報と情報行動

生物は絶えず環境についての情報をとりいれ，自らを調整し環境に適応し，生命を維持している。人間も他の生物同様，この営みを行っており，環境からの感覚刺激を感覚器官を通して，受容し，視覚・聴覚・味覚・嗅覚・触覚の五感によって知覚する。人間の場合は視・聴覚がきわめて重要な役割を果たしており，この2つの感覚器官がもっともよく発達している。

人はこれらの感覚器官を通して，環境からの情報を自ら収集・処理・記号化し，蓄積した独自の「情報環境」のなかで生きている。

(1) 情 報 と は

「気象情報」「道路交通情報」「就職情報」などは日々の生活で頻繁に用いる言葉であり，私たちは自分に必要な情報をＴＶ，カーラジオ，雑誌，口コミ，インターネットなどさまざまな情報メディアを通して得ている。そして，得られた情報に基づき「今日は傘を持って行こう」「国道Ａ号を迂回して県道Ｂからｃ号へ抜けよう」と私たちは自分の行動を決定，調整し，自分の動きをつくりだしている。

情報（information）の語源はラテン語の informatio であり，その原形 in-form は"形にして知らせる"の意味である。

このことから情報は，送り手がなんらかの表現手段と伝送手段を通じて受け手に送る　①見聞きした事柄や状況，②伝えたい意図や頼まれごと，③獲得した知識や資料，④それらを表す言葉や文章，⑤絵や意味をもった記号パターンなど，と考えることができる。さらに詳細に分けるとすると，言葉・絵・身ぶりなどの記号は単なるデータであり，受け手がこれらのデータを自分の記憶している知識を利用し，解読・理解したときはじめて情報となる（小谷津，1995）。

また，情報にはサービス，現金など他の生活環境を構成する基本的要素とは異なり，次のような独自の特性がある。①複製の容易さ，②共有の容易さ，③価値評価の相対性，④時間・空間的な移転の容易さ，⑤メディアへの依存度の高さ（三上，1993）。

(2) 情 報 行 動

情報行動は「個人がある社会システムの中で，メディアを介して，あるいは直接的に情報を収集，伝達，蓄積，あるいは処理する行為」と定義される（三

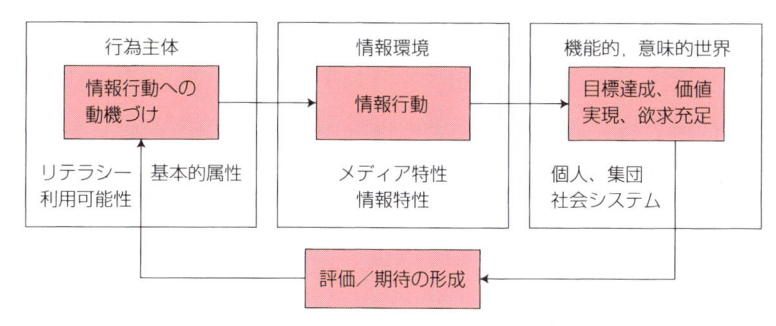

図 10-3　情報行動の基本モデル（三上，1993）

上，1993）。また，人間の行動を目的達成的な行為とすると，情報行動はこの行為の構成要素のひとつとなり，図 10-3 のようなプロセスの一部と考えられる。

　たとえば，朝テレビの気象情報を見ることが多いが，これは今日一日雨に濡れないという目標によって動機づけられた行為で，そのために行った情報行動である。これらの行為の多くはルーティン化しており，本人には意識しにくく習慣化されやすい。

　また，日常の生活行為には複数の情報行動がふくまれている。「今度の連休に一泊二日の旅行にいく」という行為は，旅行社にいき，パンフレットをみるという情報収集，そのなかから予算・距離・見たい場所・食べたいものなどの自分の条件に合うものを複数探す情報処理，今までの旅行経験からそれぞれのプランを検討する情報検索・再生，新しいプランをみて情報蓄積，旅行社に申し込んだり，または友人に相談したりの情報伝達，旅行にいって現地での感覚情報入手・処理，など多くの情報行動をふくんでいる。また，この一連の情報行動によって得られた結果は評価され，新たな情報として蓄積され，その後の情報行動に影響を与える。

3　ネットワーク社会での情報行動

　コンピュータ間通信によるネットワークの世界が出現したことで，人間にとっては時間と空間の制約にとらわれない無限の可能性が拓けた。以下では，ネットワーク環境での人間の情報行動についてみていく。

(1)　メディアの特性

1）メディアの種類とマルチメディア　　情報とそれを伝えるメディアは，相互に関連して発展してきた。表 10-1 はメディアの種類を，情報伝達の形態で分類したものである。その特徴は，情報を伝えるものが，物理的実体をもつものか，あるいはもたないものであるかによる。後者は通信回線や電波を媒介として情報のみが伝えられる。

　また情報伝達は，情報の流れに注目して，情報が一方向的に伝達されるか，または双方向的に伝達されるかでも区別できる。従来のメディアはマスメディアに代表されるように，発信する側から一方的に情報が流されていたが，新しく登場してきたメディアは，多くが双方向性を備えている。最近では，本来一

表 10-1 メディアの種類とその特徴

メディアの種類	メディアの具体例	特徴
パッケージ系メディア	ビデオテープ，CD，CD-ROM，DVD	物理的実体を持ったものが単体で流通する。情報の流れは一方向的。
放送系メディア	テレビ，衛星放送，ラジオ，ケーブルTV	電波やケーブルを通じて伝搬。基本的には一方向的であるが，一部双方向性を有する。
通信系メディア	携帯電話，ファクシミリ，インターネット	通信回線や電波を通じて伝搬。双方向性を有する。

方向的であったメディアも，複数のメディアの組み合わせによって，双方向的に運用されるようになってきている。この双方向性というメディアの特性は，人間のコミュニケーションにおいて重要な機能を果たす要素である（9章1節参照）。

初期の電子ネットワーク上でのコミュニケーションは文字中心であったが，近年は音声・画像・映像等のすべてのデータが統合的に取り扱われて，マルチメディア化している[*1]。マルチメディア化はマルチモーダル化に対応する。日常の人間のコミュニケーションでは，言語によるコミュニケーションと平行して，身振り，表情等の五感すべてを動員して行う非言語的コミュニケーションの側面が大きな役割を果たしている。このように人間の自然な形態が多重チャンネルによるコミュニケーションであるため，情報メディアの発展は，時空を越えて人間が自然にコミュニケーションできる環境を実現する方向へ向かっている

ブレイク

個人専有化した社会の出現？？？　パーソナル化された私

レストランや電車の中はもちろんのこと，はては演奏会や教室の中，会議中でさえ，処かまわずPHSや携帯電話のベルが鳴り響く。交差点での信号待ちや歩きながら，大声で会話している人を見かけるのは珍しいことでなくなった。公衆の面前で，当人は自室で話すのと同じように，プライベートな会話を大声で交わしている。そこには公的な空間と，私的な空間の区別がないようにみうけられる。

幼い頃から一室をあてがわれ，自分専用のテレビを持ち，個室で自由に振る舞うことに慣れた人たちが，今携帯電話を持って町にあふれている。個に慣れた人は，周りに人が居ても会話を聞かれていることに頓着しなくなり，自分の世界に浸っているようである。メディアの小型化にともなって，最新の情報機器を個人で専有でき，しかも絶えず身につけておくことができるようになって，日本人の習慣も変化してきている。

新しいメディアの登場によって，人間の特異な部分が拡大されて出現している。あなたは，他の領域でどういうことに気がつくだろうか。

[*1] 従来アナログデータとして取り扱われていた音声・画像・映像等の信号をデジタル化し，文字・音声・画像・映像すべてをデジタル信号として統合的に扱うこと。すなわちマルチメディアの本質はデジタル化であるといえる。

といえる。ブロードバンド[*2]時代になり，テレビと〔パソコン＋インターネット〕との融合が起こると，この傾向がいっそう顕著になると思われる。

2）情報メディアのパーソナル化　情報社会の発展は，メディアの小型化とネットワークの整備によって実現している。たとえばコンピュータは，1946年出現当時は18,000本の真空管を使い，140 m^2 の部屋を占領し，総重量30トンの巨大な機械であったが，半世紀後の今日では身につけられる大きさ（ウェラブルコンピュータ）にまで進化した。私たちは，新しく誕生する機器の小さい・薄い・軽い・速いという特質によって技術の進歩を実感する。個人で使用するメディアは新しく誕生するたびに，この特質を強めている。

パーソナルコンピュータが出現し，現在では10年程前の大型コンピュータ並の高性能マシンを個人で占有できるまでになっている。このことが社会に与えた影響は計り知れない。価格の安さもあって，社会や家庭生活の情報化は一気に加速した。

携帯電話やPHSと，ノートパソコンやPDA[*3]等の情報端末を組み合わせてモバイル通信を行うことによって，「いつでも」「どこででも」簡単に社会資源を利用することができる。パーソナルな情報メディアの出現と，公共ネットワークの整備は，ビジネス活動のみならず，個人生活，公共サービスなどの様式を変化させ，人々の意識のあり方まで大きく変えつつある。

(2) ネットワーク社会で求められる人間の能力

1）情報活用能力とメディアリテラシー　情報が氾濫する現代社会では，情報に振り回されて自己を見失うことがないように，主体的に必要な情報を選び出す能力が求められる。収集した情報を整理し，自分にとって適切な情報を引き出し，さらには得た情報から新たな情報を作り出し，他へ伝達することは個人の行動力の源泉となる。

次に実際に情報行動を起こす場合には，関連する各種情報メディア（特にコンピュータ）やソフトを使いこなす知識と技能，すなわちメディアリテラシーが必要となる。

情報活用能力とは，このような情報，および情報手段を主体的に選択し，活用していく個人の基礎的な資質ととらえられる。情報活用能力を構成する具体的内容は，表10-2の4つにまとめられ，教育における育成が期待される。

表10-2　情報活用能力を構成する4つの基本的な項目

「情報化社会に対応する初等中等教育の教育内容の在り方」についての資料（山極，1994）

1. 情報の判断，選択，整理，処理能力および新たな情報の創造，伝達能力を高めること
2. 情報化社会の特質，情報化の社会や人間に関する影響を理解すること
3. 情報の重要性の認識，情報に対する責任感をもつこと
4. 情報科学の基礎および情報手段（特にコンピュータ）の特徴の理解，基本的操作能力を習得すること

[*2]　光ファイバーやケーブルTV網，無線LANのような高速大容量のデータ通信回線網のこと。
[*3]　PDA：Personal Digital Assistant　手のひらに乗るぐらいの大きさで，マルチメディア対応型の多目的に使用できる個人用携帯情報端末。

表10-3 インターネット上で利用できる主なサービス

1. WWWによる情報検索
2. 電子メール
3. ネットニュース（電子掲示板）
4. オンラインショッピング
5. テレビ電話
6. ネットでの映像配信／受信
7. コンピュータの遠隔操作
8. ファイル転送

(3) インターネットの活用

　高度情報化社会である現代社会では，コンピュータ，およびコンピュータネットワークがインフラストラクチャー[*4]としての役割を果たしている。高度情報化社会とは，すなわちネットワーク社会といえる。

　世界規模のコンピュータネットワークであるインターネットでは，各種のサービスが提供されている（表10-3）。各種政府機関，大学，図書館，企業等のWebサーバー[*5]には最新の情報が蓄積されデータベース化されている。これらはインターネットを通じてオンラインで閲覧できる。利用者は，Webブラウザーを用いるだけで，世界中のデータベースに蓄えられた情報や遠隔地の図書館の蔵書検索システムにアクセスすることが可能であり，手軽に文献や情報の検索を行うことができる。また電子図書館や博物館が整備され，デジタル化された貴重な収蔵品や文献が，オンライン公開されている。電子政府構想[*6]も着々と具体化されており，近い将来にはほとんどの公文書がデジタル化され，オンラインで各種の手続きを済ませることができる，ペーパーレスの社会が到来するであろう。

　現代社会では，情報環境としてのインターネットを自由自在に使いこなすことが求められており，そのために，特に情報活用能力を早い時期から身につけておくことが必須となっている。

4　情報化と人間行動の変化

(1) 生活様式の変化と人間の心理に与える影響

　1）生活空間　ビデオ，携帯電話，FAXなどの情報メディアが生活のなかに入り込んできたおかげで，「いつでも，どこででも」自分の好きな時に行動することができるようになった。またインターネットでネットサーフィンしていると，いつの間にか外国のホームページを見ていたりするなど，知らず知らずのうちに外国の文化に触れる機会が多くなっている。

　これは情報メディアによって，人が時間と空間の制約から解放されたことを意味する。情報機器の扱いに慣れた世代では，距離感や時間感覚など生活空間に対する認識が，上の世代とは大きく異なってきている。例えば待ち合わせをする場合にも，前もって時間と場所をきっちりと約束しておくのではなく，携帯電話で連絡をとりあいながら，適当な時間に最適な場所で出会うという具合に，一昔前とは様変わりしている。

　このように情報機器の活用の度合で，人間の行動様式が大きく違ってきている。日常の情報行動のあり方によって，行動選択の幅が増すと同時に，個人の自律性がより問われるようになっている。

　2）職業と生活　モバイル通信を行うことで，外出先からでも学校や会社のコンピュータを利用して，学習や仕事ができる環境が整ってきた。また高速

[*4] 都市における水道，ガス，道路など，生活の基盤となる設備のこと。
[*5] ネットワーク上にあって情報を提供する大型のコンピュータのこと。
[*6] 情報技術（IT）を使って各種の行政情報を電子ファイル化し，国の機関や地方自治体と，企業や家庭などを電子ネットワークで結び，利用者が窓口に出向かなくても24時間行政サービスが受けられるようにした行政システムをいう。

データ回線を使えば，電子メールとWebブラウザーによって，家庭や出先からほとんどの作業ができてしまう（図10-4）。必ずしも会社で仕事をする必要がなくなり，オフィスでの勤務形態が変化している。またネットワークを利用して在宅勤務をする人も増えている。在宅勤務は，通勤の困難な人や十分な時間的余裕のない人にも働くチャンスを与えるため，高齢者や障害者をはじめ，結婚を機に一度は第一線から身を引いた家庭の主婦などに，新しい労働環境を提供している。生活全般に関しても，情報社会は障害者や高齢者が暮らしやすい環境を提供することができ，バリアフリー[*7]の社会を実現する可能性を秘めている（米川，2001）。

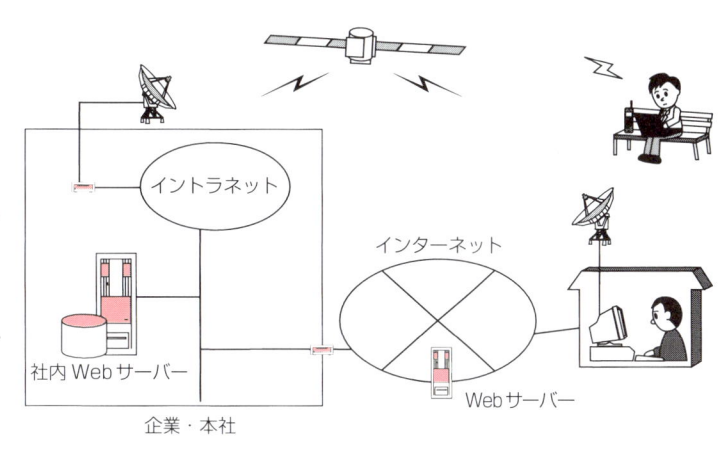

図10-4　ネットワーク時代の勤務

これらの環境の変化は，社会の仕組みを変えるとともに，個人がもつ労働の概念や，性役割に対する考え方，家族のあり方，生活の質さえも変化させる。

3）電子社会の文化　電子ネットワークの世界では，質の高い情報や高性能のソフトが無料で提供される等，情報の共有，公開制，相互扶助，分散協調[*8]の原則が不文律として確立されており，それが情報社会発展の推進力となっている。例えば，OSの一種であるLinux（リナックス）[*9]はすべての技術情報が公開されており，絶えずネットワーク上で情報交換が行われて改良が加えられている。ネット上では，互いに顔も知らない多くの人たちが，1つのことに関わって，よりよいものに作り上げようと協力し合うことが日常的に行われている。このようにして出来上がるものは，無料で提供されることが多い。

電子ネットワーク上では，これまでの社会通念と異なる規範や行動がとられ，新しい文化が創造されている。電子ネットワークに参加する人々は，考え方や価値観をグローバルに変化させており，ここで得られる情報が既成の考え方や価値観，社会を変革する原動力となることさえある。

(2)　高度情報化の進展による問題

1）情報の偏在　個人で所有するコンピュータが高性能化し，ネットワークが整備されて便利になった反面，コンピュータの機能を使いこなして通信できるまでには，それなりの知識と努力，費用がかかるようになった。その結果，情報に多く接する人はますます情報に富んでその恩恵に浴し，情報に接する機

[*7]　障害のある人が社会生活をしていくうえで障壁（バリア）となるものを除去するという意味で，住宅建築用語で登場した。より広く障害者の社会参加を困難にしている社会的，制度的，心理的なすべての障壁の除去という意味でも用いられる。
[*8]　ネットワーク上に独立したシステムが散在し，それらが情報の共有や相互のコミュニケーションをとりながら機能している状態のこと。
[*9]　メインフレームやワークステーション用に開発された，マルチユーザー，マルチタスクのオペレーティング・システム（OS）であるUNIX（ユニックス）をモデルに作られた，主にパソコンベースで動くOS。

会が少ない人は社会の流れから取り残されるといったデジタルデバイド(情報格差)[10]の現象が顕著になりつつある。今後さらに情報に関する不公平が増大していくことが懸念される。

2) 情報社会の倫理　銀行におけるオンライン操作による現金の詐欺や企業の秘密データの漏洩、ソフトの不正コピーのように、コンピュータに絡む犯罪が多発している。デジタルデータは複製が容易でしかも劣化することがないため、特に著作権の問題は深刻である。当事者にオリジナルの権利を侵しているという意識が希薄となりやすく、無意識に侵害することもある。現在電子デジタル時代に適合した著作権法の整備・運用が進められている。

ネットワーク上では新たな災難も生じている。意図的に害をなすものとして、ハッカー[11]によるコンピュータへの不正アクセス、メールの盗み見やデータの改ざん、また強い感染力をもつコンピュータウイルスによるシステム破壊などがあり、深刻な被害を出している。

一方、ネットワーク上での露骨な性表現やポルノ画像の提供、公序良俗に反する表現等も、青少年の育成上大きな社会問題となっている。また伝言板システムや出会い系サイトの繁盛は、ネット利用の推進役を果たすとともに、そこを舞台にした売春や犯罪行為の温床となる危険性が指摘されている。しかしこれらは、表現の自由との関係でその取り扱いが難しい側面がある。インターネットは、自律的運営が基本とされる世界であるため、ネチケット[12]を守った良識

― 参　考 ―

電子コミュニティ

ネットワーク社会は、地縁、血縁、社会縁から生ずる人間関係を越えて、純粋に情報縁や関心縁だけで結びついた人間関係を可能にした(川上ら、1993)。地域社会、共通の言語、風習、価値観などをもって、経済的、社会的な活動を営む集団を一般にコミュニティというが、電子コミュニティとは、電子ニュースグループや電子会議室のように、ネットワーク上にできる情報縁を基盤とした社会をさす。パソコン通信やインターネット上には電子のコミュニティが数多く誕生している。これらのコミュニティに参加する人は、もともとそこで話題にされるテーマに強い関心をもっている人たちであることが多い。ここでは現実の社会生活と密接に結びついた形で、ネットワーク上の人間関係が形成されたり、得られた情報の確認や利用が行われている(池田ら、1997)。電子コミュニティは、オフラインの世界での人と人とのつながりを背景にもつ、きわめてリアリティのある存在でもある。

このように人は空間を基盤とするコミュニティ以外にも、電子コミュニティという新顔のコミュニティに属するようになっている。精神世界の中で、これらへ依存する程度は人によってさまざまである。

---

[10] 情報に関する知識や技術をもつものともたないものや、情報へのアクセスの違いによって所得格差等が生じることをさす。
[11] もともとはコンピュータやネットワークに関する高度に専門的な知識を有する人のことをいい、システム破壊を目的とした不正アクセスの場合にはクラッカーとよぶ。
[12] ネットワークの参加者に要求される常識やマナーのことで、ネットワークとエチケットを組み合わせた造語。具体的内容は、①コミュニケーションを円滑におこなうための配慮、②システム問題で発生するトラブル回避の配慮、③法律にかかわる問題等について良識ある行動が望まれる等である。

ある行動が特に望まれる。

3）対人関係　ネットワーク上では，電子メールや電子ニュース，チャットといった形で，それぞれのコミュニケーションの特徴を活かした人と人の交わりが行われている。電子メールやチャットは基本的に少人数の気心の知れた人同士のやりとりが主になる。一方電子掲示板では，同じ興味・関心を有する同好の士が多数で活発にコミュニケーションを行っている。

しかしネットワークでのつき合いでは，匿名性から，相手の顔が見えないことに由来するトラブルも起こりやすい。たとえば電子会議室での議論では，抑制の利かない感情的な発言が出やすく，いきすぎた論争となることがある。

電子ネットワークで行動する際には，ネットの向こう側に生身の人間がいることを常に意識しておくことが必要であろう。伝言版システムや出会い系サイトを舞台とした犯罪事件の発生にみられるように，ネット上では知らない人との出会いがある反面，犯罪に巻き込まれるなどの危険性も潜んでいる。

4）社会のネットワーク依存　ほとんどの機械にマイクロコンピュータが部品として組み込まれている。また例えばコンビニやスーパーのPOSシステム[13]による商品管理にみられるように，市民生活がネットワークによって維持されている。目には見えなくとも，社会全体が情報技術に依存している。そのため，何らかの原因でネットワークがダウンすると，社会生活が成り立たなくなる恐れさえでてきている。それが現実の危機と認識されるようになったのは，コンピュータの「西暦2000年問題」[14]以降である。情報社会が充実すればするほど，ミスによる障害だけでなく，地震や災害，テロによるダメージは予測できないほど大きくなっていくであろう。

5）サイバースペース（電脳空間）　電子ネットワークと人間の精神世界で構成される架空の空間をサイバースペースとよぶ。仮想的な共同体が，あたかも実際にある共同体（コミュニティ）と同じように，コミュニケーションの場となり，人が協調していく空間となる。その究極は，バーチャルリアリティの世界である。マルチメディアを駆使して，コンピュータまたはネットワークのなかに現実に似せた空間，あるいは現実にはありえないが現実感を感じさせる空間が構成される。包括的でバーチャルな感覚世界が創造され，そのなかで人は疑似体験する（13ページのブレイクも参照）。

高度に技術が発達して，現実に近い体験ができる仮想現実の世界が普及してくるときに問題となるのは，個人の現実検討能力[15]であろう。リアリティ感の豊かな仮想空間の体験によっては，現実世界と架空世界との区別がつかなくなり，仮想世界内でのリアリティ感覚の昂進や，現実世界内でのリアリティ感覚の喪失が起こるおそれがでてくる。

このような事態に対処してリアリティ感覚を保つには，人間が有する身体性

---

[13]　point of sales system。流通業において，小売店の店頭での商品の販売動向をオンラインでチェックし，在庫管理，物流システムなどを統合的に管理する販売時点情報管理システムのことをいう。
[14]　初期の多くのコンピュータでは，メモリを節約するために内部での西暦の表現が下2桁で表されていた。そのため西暦2000年を1900年と間違え，2000年を迎えるとコンピュータが誤作動をする可能性が指摘され，大がかりな対策がとられた。
[15]　知覚からもたらされる外的な起源をもつ記憶と，想像によって作られる内的な起源をもつ記憶を区別する能力のこと。

が重要なキー概念になると思われる。なぜならば，日常生活において，立つ，歩く，姿勢をとるなど自分の身体を制御して主体的に動かすことが，人間の現実感覚を維持することに寄与していると考えられるからである。

ブレイク

人工知能が身体をもった

　人工知能研究やロボット工学にとって，1997年は歴史的な転換点となった（北野，2001）。チェスで初めて，コンピュータが人間の世界チャンピオンに勝利したのである。さらには自律的に動くロボット犬や，2足歩行のヒューマノイド（人間型）ロボットが誕生した。コンピュータのなかだけの存在であった人工知能が，物理的実体をともなって人間の世界へと飛び出してきた。21世紀を迎えてロボット研究はますます盛んになり，ロボカップサッカーやロボカップ・レスキュー（救助隊）大会などが次々に企画・開催されている。

　現在ロボット研究の第一線で活躍している研究者は，手塚治虫氏の描いた『鉄腕アトム』を読んで育った世代だという。自由意志をもって正義のために戦うアトムに魅了された世代は，自律的に行動するロボットの実現にわくわくし熱中している。自律型ロボットは，実世界のなかで対象と相互に作用し合い，環境にうまく適応し，そこでの経験を取り込んで成長していく。現在のロボットは，鉄人28号（操縦型）からアトム（自律型ロボット）へと進化する過程にあるが，今後ロボテックス（ロボット学）の領域で得られる知見は，人間理解を前進させるに違いない。

【Further reading】

電子ネットワーキングの社会心理　川上善郎・川浦康至・池田謙一・古川良治　1993　誠信書房
　　情報縁や関心縁で結びついているネットワーク社会について，総合的に調査・分析してある。

ネットワーキング・コミュニティ　池田謙一（編）　1997　東京大学出版会
　　電子ニュースや電子会議室のようなネットワーク上に新しく生まれている電子コミュニティについて，多面的に検討してある。

ロボットにかける夢　有本卓　2000　岩波書店
　　ロボテックス研究の哲学的意義について考察してあり，人工知能研究とロボット研究の違いとその意義について，理解を深めることができる。

引用文献

第1章
堀 洋道　1985　心理学─学問への道　進研スコープ **91**, 46-47.
金城辰夫（編）　1990　図説現代心理学入門　培風館

第2章
Boring, E. G., Langfeld, H. S., & Weld, H. P.　1948　*Foundations of Psychology*. John Wiley.
Gibson, J. J.　1950　*The Perception of the Visual World*. Boston: Houghton Mifflin.
Gregory, R. L.　1971　*The Intelligent Eye*. London: Weidenfeld & Nicolson.（金子隆芳訳　1972　インテリジェント・アイ──見ることの科学　みすず書房）
Hochberg, J. E.　1978　*Perception*. (2nd ed.) Prentice-Hall.（上村保子訳　1981　知覚　岩波書店）
Kanizsa, G.　1979　*Organization in Vision: Essays on Gestalt Perception*. New York: Praeger.（野口 薫監訳　1985　視覚の文法：ゲシュタルト知覚論　サイエンス社）
Koffka, K.　1936　*Principles of Gestalt Psychology*. Kagan Paul.
Miller, G. A.　1962　*Psychology*. New York: Haper & Row.（戸田壱子・新田倫義訳　1967　心理学の認識　白揚社）
二宮克美・大野木裕明・宮沢秀次　1986　サイコロジー　共同出版
Rubin, E.　1921　*Visuell Wahrgenommene Figuren*. Copenhagen: Gyldendalska Boghaudal.
舘 章・廣瀬通孝（監修）　1992　バーチャル・テック・ラボ　工業調査会
梅本堯夫・大山 正（編著）　1992　心理学への招待　サイエンス社
Wade, N.　1990　*Visual allusions*. Lawrence Erlbaum Associates.（近藤倫明訳　1991　ビジュアル・アリュージョン──知覚における絵画の意味──　ナカニシヤ出版）
Wertheimer, M.　1923　Untersuchungen zer Lehre von der Gestalt. II. *Psychologische Forschung*, **4**, 301-350.

第3章
Atkinson, R. F., & Shiffrin, R. M.　1968　Human memory: A Proposed system and its control processes. In Spence, K. W. & Spence, J. T. (eds.), *The psychology of learning and motivation: Adnances in research and theory*. Vol. 2. New York: Academic Press. 89-195.
Bandura, A.　1965　Influence of model's reinforcement contingencies on the acquisition of imitative response. *Journal of Personality and Socal Psychology*, **1**, 589-595.
Brown, R., & Kulik, J.　1982　Flashbulb memory. In U. Neisser (Ed.), *Memory Observed*. W. H. Freeman.
Ebbinghaus, H. von.　1885　*Über das Gedächtnis*. Leipzig: Duncker und Humboldt.（宇津木保訳　1978　記憶について　誠信書房）
Loftus, E. F., Miller, D. G., & Burns, H. J.　1978　Semantic integration of verbal information into a visual memory. *Journal of Experimental Psychology, Human Learning and Memory*, **4**, 19-31.
Lorenz, K.　1957　Companion-ship in bird life: Fellow members of species as releasers of social behavior. In C. H. Schiller (Ed.), *Instinctive Behavior*. International Universities Press.
Miller, G. A.　1956　The magical number seven, plus or minus two: Some limits on our capacity for processing information. *Psychological Review*, **63**, 81-97.
光田基郎　1981　記憶と志却　山内光哉（編著）　学習と教授の心理学（第2版）　九州大学出版会
Pavlov, I. P.　1927　（川村 浩訳　1994　大脳半球の働きについて　岩波書店）
Peterson, L. R., & Peterson, M. J.　1959　Short-term retention of individual verbal items. *Journal of Experimental Psychology*, **58**, 193-198.
Skinner, B. F.　1938　*The Behavior of Organisms*. New York: Appleton.
Sperling, G.　1960　The information available in brief visual presentations. *Psycological Monographs*, **74**, (Whole No. 498)
Stephen, B. K.　1987　*Learning: Principles and Applications*. McGraw-Hill.
山本 豊　1984　学習の基礎過程　大山 正（編）　実験心理学　東京大学出版会

第4章
Cook, M.　1970　Experiments on orientation and proxemics. *Human Relations*, **23**, 61-76.（瀬谷正敏訳　1977　対人関係の心理　培風館）

Gehl, J. 1987 *Life between building*. (北原理雄訳 1990 屋外空間の生活とデザイン 鹿島出版会)
Hall, E. T. 1966 *The hidden dimension*. New York : Doubleday & Company. (日高敏高・佐藤信行訳 1970 かくれた次元 みすず書房)
子どものための街づくり研究会(編) 1996 こんな遊び場が欲しい――住民参加による遊び環境調査マニュアル―― 子どものための街づくり研究会
中村奈良江 1998 a 空間表象の素朴概念的見地――地図方向の偏向性を通して―― 西南学院大学児童教育学研究, **24**, 21-33.
中村奈良江 1998 b シンメトリー空間における空間認知の変換 日本心理学会 第62回大会発表論文集 p.683
Norman, D. A. 1988 *The psychology of everyday things*(野島久雄訳 1990 誰のためのデザイン?――認知科学者のデザイン原論―― 新曜社)
仙田 満 1984 こどものあそび環境 筑摩書房
戸沼幸市 1978 人間尺度論 彰国社

第 5 章

Allport, G. W. 1937 *Personality : A Psychological Interpretation*. New York : Henry Holt.
東 豊 1969 知的行動とその発達 児童心理学講座4 認識と思考 金子書房
藤本忠明・栗田喜勝・瀬島美保子・橋本尚子・東 正訓 1993 ワークショップ心理学 ナカニシヤ出版
Gendlin, E. T. (村山正治訳) 1988 夢とフォーカシング 福村出版
Jensen, A. R. 1968 Social class, race and genetics : Implications for education. *American Educational Research Journal*, **5**, 1-41.
Jensen, A. R. 1969 How much can we boost I. Q. and scholastic achievement? *Harvard Educational Review*, **39**, 1-123.
加藤 厚 1983 大学生における同一性の諸相とその構造 教育心理学研究, **31**(4), 20-29.
Kretschmer, E. 1924 *Korperbau und Charakter*. 4. Aufl. Julius Springer. (1, Aufl, 1921) (相場 均訳 1960 体格と性格 文光堂)
松本真理子 1997 自己をつかむ 川瀬正裕・松本真理子(編) 新自分さがしの心理学 ナカニシヤ出版
大村政男他 1990 心理学アスペクト 福村出版
利島 保 1975 荻野源一(編) 発達 福村出版

第 6 章

池田由子 1987 児童虐待 中公新書 中央公論社
井口由子・佐藤亮子・林 春男 1997 児童青年精神医学とその近接領域 Vol. 38, No. 5, 419-431.
前田重治 1985 図説臨床精神分析学 誠信書房
前田重治 1994 続図説臨床精神分析学 誠信書房
毎日ムック 1995 心の治し方 毎日新聞社
中村和子・杉田峰康 1984 わかりやすい交流分析 チーム医療
辻 仁成 1995 ぼく,いたくない 新書館
Vinacke, W. E. 1968 *Foundation of psychology*. Van Nostrand.
山内逸郎 1986 新生児 岩波書店

第 7 章

Asch, S. E. 1946 Forming impressions on personality. *Journal of Abnormal and Social Psychology*, **41**, 258-290.
Bandura, A., Ross, D., & Ross, S. A. 1963 Imitation of film-mediated aggressive models. *Journal of Abnormal and Social Psychology*, **66**, 3-11.
Berkowitz, L., & LePage, A. 1967 Weapons as aggression-eliciting stimuli. *Journal of Personality and Social Psychology*, **7**, 202-207.
Bruner, J. S., & Tagiuri, R. 1954 The perception of people. In G. Lindzy (Ed.), *Handbook of Social Psychology*. Addison-Wesley. 634-654.
Byrne, D., & Nelson, D. 1965 Attraction as a linear function of proportion of passive reinforcement. *Journal of Personality and Social Psychology*, **1**, 659-663.
Cohen, S., & Wills, T. A. 1985 Stress, social support, and the buffering hypothesis. *Psychological Bulletin*, **98**, 310-357.
Darley, J. M., & Latané, B. 1968 Bystander intervention in emergencies : Diffusion of responsibility. *Journal of Personality and Social Psychology*, **8**, 377-383.
Davis, K. E., 1985 Near and dear : Friendship and love compared. *Psychology Today,* **February**, 22-30.
Dollard, J., Doob, L., Miller, N., Mowrer, O., & Sears, R. 1939 *Frustration and Aggression*. Yale University Press. (宇津木保訳 1959 欲求不満と暴力 誠信書房)
Dutton., D. G., & Aron, A. P. 1974 Some evidence for heightened sexual attraction under conditions of high anxiety. *Journal of Personality and Social Psychology*, **30**, 510-517.
Eron, L. D., Huesmann, L. R., Lefkowitz, M. M., & Walder, L. O. 1974 How learning conditions in early childfood relate

to aggression in late adolescence. *American Journal of Orthopsychiatry*, **44**, 412-423.
Festinger, L., Shachter, S. & Back, K. W. 1963 *Social Pressures in Informal Groups*. Stanford University Press.
Freedman, J. L., & Fraser, S. 1966 Compliance without Pressure : The foot-in-the-door-technique. *Journal of Personality and Social Psychology*, **4**, 195-202.
Heider, F. 1958 *The Psychology of Interpersonal Relations*. New York : Willy.（大橋正夫訳 1978 対人関係の心理学 誠信書房）
原田純治 1990 援助行動と動機・性格との関連 実験社会心理学研究, **30**, 109-121.
菊池章夫 1988 思いやりを科学する――向者社会的行動の心理とスキル―― 川島書店
Lee, J. A. 1974 The styles of loving. *Psychology Today*, **October**, 43-51.
松井 豊・木賊和美・立澤晴美・大久保宏美・大前晴美・岡村晴樹・米田佳美 1990 青年の恋愛に関する測定尺度の構成 東京都立立川短期大学紀要, **23**, 13-23.
松井 豊 1993 恋ごころの科学 サイエンス社
Newcomb, T. M. 1961 *The Acquaintance Process*. New York : Holt, Reinhart and Winston.
Petty, R. E., & Cacioppo, J. T. 1986 *Communication and Persuasion : Central and Peripheral Routes to Attitude Change*. New York : Springer.
Rosenthal, R., & Jacobson, L. 1968 *Pygmalion in the Classroom : Teacher Expection and Pupils' Intellect Development*. New York : Holt, Reinhart and Winston.
Secord, P. F. 1958 Facial features and inference processes in interpersonal perception. In Tagiuri & Petrullo (Eds.), *Person Perception and Interpersonal Behavior*. Stanford University Press.
高木 修 1988 順(向)社会的行動 安藤延男(編) 人間関係入門 ナカニシヤ出版
浦 光博 1992 支えあう人と人：ソーシャル・サポートの社会心理学 サイエンス社
Winch, R. F., & Ktsanes, V. 1954 The theory of complementary needs in mate-selection : An analytic and descriptive study. *American Journal Review*, **19**, 241-249.
Zojonc, R. B. 1968 Attitudinal effect of mere exposure. *Journal of Personality and Social Psychology, Monograph Supplement*, **9**, 1-27.

第8章

Davis, J. H. 1969 *Group Performance*. Reading, MA : Addison-Wesley.（永田良昭訳 1982 集団行動の心理学 誠信書房）
Fiedler, F. E. 1964 A contingency model of leadership effectiveness. In L. Berkowitz (Ed.), *Advances in Experimental Social Psychology*（Vol. **1**, pp. 150-190）. New York : Academic Press.
Jackson, J. M. 1965 Structural Characteristics of Norms. In I. D. Steiner & M. Fishbein (Eds.), *Current Studies in Social Psychology*. Holt, Rinehart & Winston.（香山健一訳 1970 規範の構造的特質 田中靖政(編訳) 現代アメリカ社会心理学 日本評論社）
Janis, L. L. 1972 *Victims of groupthink*. Boston : Houghton-Mifflin.
Latané, B., Williams, K., & Harkins, S. 1979 Many hands make light the work : The causes and consequences of social loafing. *Journal of Personality and Social Psychology*, **37**, 822-832.
三隅二不二 1978 リーダーシップ行動の科学 有斐閣
Moscovici, S., & Zavalloni, M. 1969 The group as a polarizer of attitudes. *Journal of Personality and Social Psychology*, **12**, 125-135.
白樫三四郎 1985 リーダーシップの心理学 有斐閣
Sherif, M. 1936 *The Psychology of Social Norms*. New York : Harper & Row.
Sherif, M., Harvey, O. J., White, B. J., Hood, W. R., & Sherif, C. W. 1961 *Intergroup Conflict and Cooperation : The Robbers Cave Experiment*. Norman, OK : Institute of Group Relations.
Tajfel, H. 1982 The social psychology of intergroup relations. *Annual Review of Psychology*, **33**, 1-39.
柳原 光 1976 Creative O. D.――人間のための組織開発シリーズ1 行動科学実践研究会

第9章

Argyle, M., & Dean, J. 1965 Eye contact, distance, and affiliation. *Sociometry*, **28**, 289-304.
Barnlund, D. C. 1975 *Public and Private Self in Japan and the United States*. The Simul.（西山 千・佐野雅子訳 1979 日本人の表現構造――新版 サイマル出版会）
Bateson, G. 1972 *Steps to an Ecology of Mind*. Harper & Row.（佐藤良明・高橋和久訳 1987 精神の生態学上・下 思索社）
Berlo, D. K. 1960 *The Process of Communication*. Holt.（布留武郎・阿久津喜弘訳 1972 コミュニケーションプロセス 協同出版）
Burgoon, J. K. 1985 Nonverbal signals. In M. L. Knapp, & G. R. Miller (Eds.), *Handbook of Interpersonal communication*. Sage. 344-390.
大坊郁夫 1998 しぐさのコミュニケーション サイエンス社
福原省三 1996 非言語的コミュニケーション 松本卓三(編著) 教師のためのコミュニケーションの心理学 ナカニシヤ出版

引用文献

Goldman-Eisler, F.　1968　*Psycholinguistics : Experiments in Spontaneous Speech*.　London : Accademic Press.
東山安子　1993　日本人の非言語コミュニケーション　橋本満弘・石井　敏（編）　日本人のコミュニケーション　桐原書店
金山宣夫　1983　世界20ヵ国・ノンバーバル辞典　研究社出版
Mehrabian, A.　1972　*Nonverbal Communication*.　Chicago : Aldine.
Morris, D.　1977　*Manwatching*.　Elsever Pub.（藤田　統訳　1980　マンウォッチング　小学館）
Morris, D., Collett, P., Marsh, P., & O'Shaughnessy, M.　1979　*Gestures : Their Origins and Distribution*.　London : Jonathen Cape.（多田道太郎・奥野卓司訳　1992　ジェスチュア～しぐさの西洋文化　角川書店）
村越愛策（監修）　1997　サインとマーク　フレーベル館
O'Hair, H. D., McLaughlin, M. L., & Cody, M. J. 1981 Prepared lies, spontaneous lies, Machiavellianism, and nonverbal communication. *Human Communication Research*, **7**, 325-339.
Patterson, M. L.,　1983　*Nonverbal Behavior : A functional Perspective*.　Springer-Verlag.
田中ゆかり　2001　大学生の携帯メール・コミュニケーション　日本語学, 20-10, 明治書院

第10章

有本　卓　2000　ロボットにかける夢　岩波書店
Bexton, W. H., Heron, W., & Scott, T. H.　1954　Effects of decreased variation in the sensory environment. *Canadian Journal of Psychology*, **8**, 70-76.
Heron, W.　1961　Cognitive and physiological effects of perceptual isolation. In P. Soloman, P. E. Kubzansky, P. J. Leiderman, J. H. Mendelson, R. Trumbull, & D. Wexler (Eds.), *Sensory Deprivation*. Cambridge, Mass : Harvard University Press.
池田謙一（編）　1997　ネットワーキング・コミュニティ　東京大学出版会
川上善郎・川浦康至・池田謙一・古川良治　1993　電子ネットワーキングの社会心理　誠信書房
北野宏明　2001　徹底！ロボット学　PHP
小谷津孝明　1995　情報基礎　情報処理学会（編）　新版情報処理ハンドブック　オーム社
三上俊治　1993　情報環境とニューメディア　学文社
大久保幸郎　1986　環境刺激制限の心理学　北村晴郎・大久保幸郎（編）　刺激のない世界　新曜社
山極　隆　1994　情報活用能力の育成　水越敏之・小林一也（編）　新学校教育全集7　情報化と学校教育　ぎょうせい
米川　勉　2001　障害者と情報技術　昇地勝人他（編）　障害特性の理解と発達援助──教育・心理・福祉のためのエッセンス──　ナカニシヤ出版

索 引

人名索引

ア行
アーガイル（Argyle, M.）　100, 101
アッシュ（Asch, S. E.）　69, 70
アトキンソン（Atkinson, R. F.）　19
アリストテレス（Aristotelés）　7
イーロン（Eron, L. D.）　80
井口由子　57
池田謙一　116
池田由子　53
ウインチ（Winch, R. F.）　73
ウェイド（Wade, N.）　12
ウェルド（Weld, H. P.）　9
ウェルトハイマー（Wertheimer, M.）　9, 10
内田勇三郎　41
梅本堯夫　10
浦　光博　78
エイムズ（Ames, A., Jr.）　10
エッシャー（Escher, M. C.）　8
エビングハウス（Ebbinghaus, H.）　21
エリクソン（Erikson, E. H.）　44, 45
大久保幸郎　109
大橋正夫　70
大山　正　10
オヘア（O'Hair, H. D.）　101
オルポート（Allport, G. W.）　39

カ行
カーリック（Kulik, J.）　22
カチオッポ（Cacioppo, J. T.）　76
カニッツァ（Kanizsa, G.）　9
金山宣夫　102
川上善郎　116
菊地章夫　84
北野宏明　118
ギブソン（Gibson, J. J.）　11, 12
金城辰夫　1
クック（Cook, M.）　36, 37
久保良敏　56
グレゴリー（Gregory, R. L.）　8
クレッチマー（Kretschmer, E.）　39, 40
クレペリン（Kraepelin, E.）　41
ゲール（Gehl, J.）　33
ケリー（Kelley, E. C.）　10
コーエン（Cohen, S.）　78
ゴールドシュタイン（Goldstein, K.）　84
ゴールドマン-アイスラー（Goldman-Eisler, F.）　105
コフカ（Koffka, K.）　6
小谷津孝明　110

サ行
ザイアンス（Zojonc, R. B.）　72
ザバロニ（Zavalloni, M.）　87
シェリフ（Sherif, C. W.）　91, 92
シェリフ（Sherif, M.）　86
ジェンセン（Jensen, A. R.）　42
ジェンドリン（Gendlin, E. T.）　46
シフリン（Shiffrin, R. M.）　19
ジャクソン（Jackson, J. H.）　95
ジャニス（Janis, L. L.）　88
シュテルン（Stern, W.）　42
シュプランガー（Spranger, E.）　39
白樫三四郎　89, 90
杉田峰康　65
スキナー（Skinner, B. F.）　17
ステファン（Stephen, B. K.）　16
スパーリング（Sperling, G.）　20
セコード（Secord, P. F.）　71
仙田　満　32

タ行
ダーリー（Darley, J. M.）　78
大坊郁夫　98
高木　修　77
タギウリ（Tagiuri, R.）　71
タジフェル（Tajfel, H.）　91
舘　章　13
ダットン（Dutton, D. G.）　75
田中ゆかり　104
ダラード（Dollard, J.）　79
デーヴィス（Davis, K. E.）　75
デーヴィス（Davis, J. H.）　87
戸沼幸市　29, 32

ナ行
中村和子　65
中村奈良江　31, 34, 36
夏目　誠　60
西　周　1
二宮克美　5, 11
ニューカム（Newcomb, T. M.）　72
ネルソン（Nelson, D.）　72
ノーマン（Norman, D. A.）　34-36

ハ行
バーコヴィッツ（Berkowitz, L.）　79
バーロ（Berlo, D. K.）　97
バーン（Byrne, D.）　72

バーンランド（Barnlund, D. C.） 100
ハイダー（Heider, F.） 74
バイナック（Vinacke, W. E.） 55
バゴーン（Burgoon, J. K.） 99
パターソン（Patterson, M. L.） 99
パブロフ（Pavlov, I. P.） 16
原田純治 77
バンデューラ（Bandura, A.） 18, 79
ピーターソン（Peterson, L. R.） 20
ピーターソン（Peterson, M. J.） 20
東山安子 103
廣瀬通孝 13
フィードラー（Fiedler, F. E.） 90
フェスティンガー（Festinger, L.） 71, 72
福原省三 100
藤本忠明 41
ブラウン（Brown, R.） 22
フリードマン（Freedman, J. L.） 76
ブルーナー（Bruner, J. S.） 71
フレーザー（Fraser, S.） 76
フロイト（Freud, S.） 21, 43, 44, 46
ベイトソン（Bateson, G.） 99
ベクストン（Bexton, W. H.） 109
ヘス（Hess, E. H.） 17
ペティ（Petty, R. E.） 76
ヘロン（Heron, W.） 109
ペンローズ（Penrose, L. R.） 8
ペンローズ（Penrose, L. S.） 8
ボーリング（Boring, E. G.） 9
ホール（Hall, G. S.） 30
ホッホバーグ（Hochberg, J. E.） 6

堀 洋道 3

マ行
前田重治 57, 60
マズロー（Maslow, A. H.） 55
松井 豊 72, 83
三上俊治 110, 111
三隅二不二 90
ミラー（Miller, G. A.） 9, 20
メッガー（Metzger, W.） 11
メラビアン（Mehrabian, A.） 104
モスコビッチ（Moscovici, S.） 87
モリス（Morris, D.） 101, 102

ヤ行
ヤコブソン（Jacobson, L.） 73
山内逸郎 53
山本 豊 17
ユング（Jung, C. G.） 39, 40
米川 勉 115

ラ行
ラタネ（Latané, B.） 78, 89
ラングフェルド（Langfeld, H. S.） 9
リー（Lee, J. A.） 83
ルパージュ（LePage, A.） 79
ルビン（Rubin, E.） 9
ローゼンサール（Rosenthal, R.） 73
ローレンス（Lawrence, M.） 10
ローレンツ（Lorenz, K.） 17
ロジャーズ（Rogers, C. R.） 45

事　項　索　引

あ行

アーキタイプ　46
愛着　53
アイデンティティ　45
明るさの恒常性　11
遊び場の認知　32
アタッチメント　53
アライメント効果　36
アンケート法　2
色の恒常性　11
印象形成　69
印象操作　69
インタビュー法　3
インプリンティング　17
内田・クレペリン精神作業検査　41
エゴ・グラム　65
エディプス・コンプレックス　45
エピソード記憶　21
M型　90
LPC　90
嚥下反射　24
援助行動　77
エンブレム　102
大きさの恒常性　10
大人の認知　32
オペラント条件づけ　17, 25

か行

外集団　91
外部記憶　18
顔文字　104, 105
学習　15
　　──曲線　18
　　──説　79
角度の判断　30
仮現運動　12
課題動機型　90
形の恒常性　11
葛藤　55
　　──の4つのパターン　56
感覚記憶　20
感覚器官　5
感覚遮断　109
環境閾値説　42
関係動機型　90
簡潔性の原理　10
観察法　2
　　系統的──　2
　　自然──　2
幾何学的錯視　7
記号　98
　　──化　98
キティ・ジェノヴィーズ事件　77
客観性　1
強化　17
　　──刺激　17
　　──スケジュール　17
　　代理──　18
去勢不安　45
近接性　71
空間認知　33
群化　8
　　──の要因　10
経験科学　2
系列学習　26
元型　46
検索　19
検査法　2
現実検討能力　117
原始反射　15
現象学的世界　45
公共距離　30
攻撃の手がかり　79
高原現象　18
向社会的行動　77
口唇期　44
行動　15
光背効果（ハロー効果）　71
肛門期　44
心の危機　57
心の専門家　61
個体距離　30
古典的条件づけ　16
子どもの認知　32
コミュニケーション　97
　　──技能　98
　　言語的──　98
　　対人──　97
　　非言語的──　98, 100

さ行

再現性　1
サイバースペース　117
錯視　7
作業検査法　41
ジェスチャー　102
　　映像的──　102
　　強調的──　102
　　指示的──　102
自我同一性　45, 58
自我防衛機制　56
刺激閾　5
刺激頂　5
自己概念　45
自己理論　45
自助集団　61
視線　100
　　──交錯　101

自然観察法　2
実験群　3
実験計画法　3
実験法　3
質問紙法　2, 41
自動運動　13
社会距離　30
社会参加　33
社会的アイデンティティ理論　91, 92
社会的学習理論　79
社会的現実　72
社会的スキル　84
社会的手抜き　89
社会的比較過程説　87
集団　85
　　──間葛藤　91
　　──規範　85, 86
　　──凝集性　85, 86
　　──思考　88
　　──の意思決定　85, 87
　　──の成極化現象　87
　　外──　91
　　内──　91
周辺特性　69
主観的輪郭　9, 10
樹木画テスト（バウムテスト）　42, 64
準言語　104
順応　6
　　暗──　6
　　明──　6
上位目標　92
消去　16
条件即応モデル　90
条件反射　16
象徴　102
情動発散説　79
小児虐待　53, 62
情報　110
　　──縁　116
　　──活用能力　113
　　──環境　110
　　──行動　110
　　──社会の倫理　116
　　──の検索　114
　　──の偏在　115
身体性　117
身体接触　100
伸張反射　24
心的外傷後ストレス障害（PTSD）　57
シンメトリー空間　36
心理的不適応　46

心理テスト　40
健やかな心　53
図と地　8
ストレス　60
スリップ　34,35
性器期　45
正の強化　17,25
　　──子　17,25
性発達理論　43
責任の分散　78
説得　73
セルフ・ヘルプ・グループ　61
潜伏期　45
ソーシャルサポート　78

た行
対人距離　30
態度　74
　　──の類似性　72
　　──変容　74
代理罰　18
多義図形　8
ダブル・バインド仮説　99
短期記憶　20
男根期　45
単純接触効果説　72
チェックリスト法　2
知覚　5
　　──された環境　6
　　──の恒常性　10
　　奥行──　11
　　運動の──　12
　　空間の──　11
着席行動　36
チャネル　97
中心特性　69
長期記憶　20
調査法　2
貯蔵　19
月の錯視　6
TAT　42
データ　1
適応　55
　　不──　55
適刺激　5
デジタルデバイド　116
テスト・バッテリー　2
テスト法　2
電子コミュニティ　116
電子社会の文化　115
電子政府　114

ドア・イン・ザ・フェイス　テクニック　76
投影法　41
道具的条件づけ　17
統制群　3
同調行動　86
特性論　40
泥棒洞窟実験　91

な行
内集団　91
　　──びいき　92
内省　2
内的衝動説　79
内部記憶　18
ネチケット　116
ネットワーク社会　111
ノンバーバル・コミュニケーション　98,100

は行
パーソナリティ　39
　　──検査　40
パーソナル・スケール　29
パーソナル・スペース　30
バーチャル・リアリティ　13
バウムテスト　42,64
発達段階　44
パラ・ランゲージ（準言語）　104
バランス理論　74
バリアフリー　115
ハロー効果（光背効果）　71
般化　16
反射　15
　　原始──　15
　　条件──　16
　　脊髄──　15
　　脳幹──　15
　　皮質──　15
反射弓　15
反転図形　8
PM型　90
pm型　90
P型　90
PDA　113
PTSD　57
ピクトグラム　104,105
ピグマリオン効果　73
ビッグス湾事件　88
評価懸念　78
評定尺度法　2

ブーメラン効果　76
輻輳説　42
符号化　19
フット・イン・ザ・ドア　テクニック　76
負の強化　17,25
　　──子　17,25
不敗の幻想　88
プライミング効果　21
フラッシュバルブメモリー　22
プラトー　18
プレグナンツの原理　10
ブロードバンド　113
プロクセミックス　30,98
分化　16
ペルソナ　39
忘却　21
　　──曲線　21
方向性のミス　36
母子関係　53

ま行
マルチメディア　111
満場一致の幻想　88
ミステイク　34
密接距離　30
メディアリテラシー　113
面接法　3
盲点　14
モデリング　18

や行
誘導運動　13
欲求の相補性　73
欲求不満　55
欲求不満―攻撃説　79

ら行
ライフイベント　60
ライフサイクル　45
　　──とストレス　60
　　──の理論　45
ライフライン　47
リーダーシップ　89
　　──PM理論　90
リビドー　44
臨界期　17,18
類型論　39
ルビンの盃　8,9
レスポンデント条件づけ　16
ロールシャッハテスト　42

執筆者紹介

古城 和子（第1, 9, 10章）
九州大学大学院教育学研究科教育心理学専攻博士後期課程単位取得後退学
九州女子大学名誉教授
主要著書・論文
『ピアジェ思考の発達診断法』（共訳）ナカニシヤ出版（1986）
『新教育心理学入門』（分担執筆）ナカニシヤ出版（1990）
『教育心理学の探究』（共編著）ナカニシヤ出版（1998）

宍戸（大隈）靖子（第2章）
九州大学大学院教育学研究科教育心理学専攻博士後期課程単位取得後退学
九州大学こころとそだちの相談室理事
主要著書・論文
『記憶と思考の発達心理学』（分担執筆）金子書房（1983）
『発達心理学（上）』（分担執筆）ナカニシヤ出版（1988）

横山春彦（第3章）
九州大学大学院教育学研究科教育心理学専攻博士後期課程単位取得後退学
鹿児島大学法文学部人文学科人間と文化コース准教授
主要著書・論文
『理論と実践教育心理学』（分担執筆）鈴木康平・山内隆久（編）北大路書房（1998）

中村奈良江（第4章）
九州大学大学院教育学研究科教育心理学専攻博士後期課程単位取得後退学
西南学院大学人間科学部心理学科教授
主要著書・論文
『知性と感性の心理―認知心理学入門―』（分担執筆）福村出版（2000）
『心理学リーディングス―素朴だけれど不思議な日々の出来事と人間心理―』（分担執筆）ナカニシヤ出版（2001）
『イメージの世界』（分担執筆）ナカニシヤ出版（2001）
『行動空間のイメージ』ナカニシヤ出版（2009）

中田行重（第5章）
九州大学大学院教育学研究科教育心理学専攻博士後期課程修了，博士（学術）
関西大学大学院心理学研究科教授
主要著書・論文
『フォーカシング・セミナー』（共著）村山正治（編）福村出版（1991）

木谷秀勝（第6章）
九州大学大学院教育学研究科教育心理学専攻博士後期課程単位取得後退学
山口大学教育学部附属教育実践総合センター教授
主要著書・論文
『生徒指導の心理と方法』（共著）柳井 修・野島一彦・林 幹男（編）ナカニシヤ出版（1995）
『教育心理学の探究』（共著）柳井 修・古城和子（編）ナカニシヤ出版（1998）

窪田由紀（第7章）
九州大学大学院教育学研究科教育心理学専攻博士後期課程単位取得後退学
九州産業大学人間科学部臨床心理学科教授
主要著書・論文
『人間関係事例ノート』（共著）山内隆久（編）ナカニシヤ出版（1995）
『生徒指導の心理と方法』（共著）野島一彦・林 幹男・柳井 修（編）ナカニシヤ出版（1995）
『ジェンダーを学ぶ』（共著）堤 要・窪田由紀（編）海鳥社（1998）

小窪輝吉（第8章）
九州大学大学院教育学研究科教育心理学専攻博士後期課程単位取得後退学
鹿児島国際大学福祉社会学部教授
主要著書・論文
『住みごこちの社会学』（分担執筆）法律文化社（1994）
『対人行動と集団』（分担執筆）ナカニシヤ出版（1995）
『地域文化と福祉サービス』（分担執筆）日本経済評論社（2001）

米川 勉（第10章）
九州大学大学院教育学研究科教育心理学専攻博士後期課程単位取得後退学
元福岡女学院大学人間関係学部教授
主要著書・論文
『要説現代心理学（第2版）』（分担執筆）ナカニシヤ出版（1997）
「インターネットを使った情報リテラシー教育の実際」『九州女子大学紀要』38(1), 15-27. （2001）
『障害特性の理解と発達援助』（分担執筆）ナカニシヤ出版（2001）

生活にいかす心理学 Ver. 2

2002年4月20日　初版第1刷発行　定価はカヴァーに
2024年9月30日　初版第20刷発行　表示してあります

編　者　古城　和子
発行者　中西　良
発行所　株式会社ナカニシヤ出版
606-8161　京都市左京区一乗寺木ノ本町15番地
　　　TEL.　075-723-0111
　　　FAX.　075-723-0095
　　　郵便振替　01030-0-13128
　　　URL　https://www.nakanishiya.co.jp/
　　　e-mail　iihon-ippai@nakanishiya.co.jp

装幀・白沢　正／印刷製本・創栄図書印刷

Copyright © 2002 by K. Kojo
Printed in Japan
ISBN 978-4-88848-705-4 C0011

◎本書のコピー，スキャン，デジタル化等の無断複製は著作権法上での例外を除き禁じられています。本書を代行業者等の第三者に依頼してスキャンやデジタル化することは，たとえ個人や家庭内での利用であっても著作権法上認められておりません。

研究レポートとはなにか

レポートは文書ではあるが
- 随筆とは異なる。
  個人的な印象，体験，人生観などが書かれた，著者の個性をも含めて評価されるものとは異なる。
- 感想文や評論文とも異なる。
  感想文は個人の感情や考え，評論文は個人またはグループの意見や主観を述べたもの。いずれも主観的な文章。

研究レポートは
- 主観的な感想や意見を述べたものではない。
- 感情ではなく理性に訴える文章。
- 客観性が必要。
  客観的とはどういうことか。
  単に叙述に筆者の主観や判断を入れないという意味ではなく，できるだけ客観的方法によって情報を得，できるだけその情報に則して解釈あるいは分析する。
  自分の好みに合う情報だけを選び，自分の好みに応じて解釈していないか？
  解釈の根拠が正直にデータに根ざした発想か？
- その客観性のある事実や論理によって，事実を明らかにし，あるいは疑問に答えようとするもの。
- 調べて書く。あるテーマについて何冊かの本を読み，事実関係を調べるなどの過程を経て，集めた資料を分析し，できるだけ客観的に論ずる。
- 文献が大切。文献検索の仕方が研究の成果を左右する。
- コミュニケーションの手段である。書き手と読み手，あるいは読み手同士で共通に理解される必要がある。つまりＡという内容がＡとして理解されなければならない。
- 明快に表現されればよい。美文である必要はない。
- 読者が存在することを忘れてはならない。誰かに読まれる！

テーマ設定と調査方法
- テーマとは問題意識に他ならない。
  まずは，課題の意味は何か。次に問題意識をもつこと。読書などが大切。
- テーマの条件
  以下の条件を除外しないかぎり研究は困難あるいは不可能。
  ①実証できない（「神は存在するか」）
  ②必要な資料が存在しない（「縄文時代の言語」）
  ③答えがすでにでている（「赤い羽根募金は社会福祉に役立っているか」：役立っていることがはっきりしている）
  ④大きすぎる（「地球環境問題」）
  ⑤抽象的すぎる（「人間とは何か」）
  ⑥流動的である（「政治改革の現状」）
  ⑦予測不可能である（「ヨーロッパ共同体の将来」）
- 調査の仕方には学ぶべき具体的な作法がある。文献にあたる必要あり。
- 調べ方・書き方には守るべきルールがある。たとえばプライバシーが遵守されているか，特定の政治目的がないか，人権的了解が得られているかなど，これらに対して無知であってはならない。

論理性
- 調査は可能な限り伝聞や状況証拠によらず，確実な証拠に基づいて行う。
- 修飾を省き，客観的な事実に基づき理路整然と書く。
- 事実を積み上げ，できるだけ反論を許さないほどの明快な論旨。
- 先入観や偏見にしたがって自分の見たいように見，聞きたいように聞くことの結果，主観が混入。
- 推察・推測と，具体的な事実や根拠を示した推論（演繹）とはまったく異なる。
- 脈絡が大切。主語述語の関係が判然とする文章を目指す。

（吉田健正　1997　大学生と大学院生のためのレポート・論文の書き方　ナカニシヤ出版）を参考にまとめたものである。